新时代教育高质量发展书系
XINSHIDAIJIAOYUGAOZHILIANGFAZHANSHUXI

有效沟通

教师如何说，家长才明白

朱晓芬◎著

中国大百科全书出版社　知识出版社

图书在版编目（CIP）数据

有效沟通：教师如何说，家长才明白 / 朱晓芬著. -- 北京：知识出版社，2020.5
（新时代教育高质量发展书系）
ISBN 978-7-5215-0124-7

Ⅰ. ①有… Ⅱ. ①朱… Ⅲ. ①小学—教学研究 Ⅳ. ①G622.0

中国版本图书馆CIP数据核字（2020）第015500号

有效沟通：教师如何说，家长才明白　　朱晓芬　著

出 版 人	姜钦云
出版统筹	张京涛
产品经理	郭文婷
责任编辑	郭文婷
特约编辑	庞冬冬
装帧设计	张雅蓉
出版发行	知识出版社
地　　址	北京市西城区阜成门北大街17号
邮　　编	100037
电　　话	010-88390659
印　　刷	阳信县卓越盛达印务有限公司
开　　本	710mm×1000mm 1/16
印　　张	13
字　　数	157千字
版　　次	2020年5月第1版
印　　次	2021年2月第1次印刷
书　　号	ISBN 978-7-5215-0124-7
定　　价	40.00元

版权所有　　翻印必究

序

教育是关乎千家万户的事业，任何一个社会，都需要教育思想的引领。时代在变，教育也在变。然而，变中也有"不变"，所以，我们要对教育进行哲学的思考，只有搞清楚了哪些需要变，哪些不能变，才能真正做好教育。而教育的本质是什么，什么是好的教育，理想的教育是什么样的，这些最基本的教育问题应是教育哲学思考的源头。只有弄清楚这些最基本的问题，我们才能找到正确的方向，办出有质量的教育。

教育是培养人的事业，是一个通过培养人让人类不断走向崇高、生活更加美好的事业。因此，教育最重要的任务是塑造美好的人性，培养美好的人格，使学生拥有美好的人生。如何达成这样的目标？那就需要一批有理想、有情怀、有追求、有实干精神的校长和教师，用自己的青春和智慧去践行。而在现实中，也确实有这样一群人，他们热爱教育事业，关爱每一个学生，一步一个脚印，用脚去丈量教育，用心去感受教育，用智慧去点亮教育。

如何将这样一群人聚在一起，用他们的智慧去影响更多的教师？

知识出版社策划出版了"新时代教育高质量发展书系"，进行了可贵的探索。他们在全国范围内汇聚了60名优秀的教育工作者，这些教育工作者大多是扎根教育一线的优秀校长和教师。书中的经验、实践、体会和思想，既有教学的艺术，也有管理的智慧；既有育人的技巧，也有师德的弘扬；既有教师的发展思考，也有校长的成长感悟；既有师生关系的融通之术，也有家校关系的弥合之道。60本书，60个点，每一个点都是一门学问，一门艺术。

我今年给"新教育"的同人写过一封新年信，题目是"让教育沐浴人性的光辉"，从三个方面对教师的工作提出了建议。我也把这三条建议送给这套丛书的作者和读者朋友。

一是要善待我们自己。要珍惜时间，张弛有度，让人生丰盈；发现教师职业魅力，做一个善于享受教育生活的人；培养健康的爱好，做一个有生活情趣的人；与学生一起成长，做一个在教育过程中不断进取的人；不断挑战自我的最高峰，做一个创造自己生命传奇的人。

二是要善待学生。要把学生作为一个真正的人看待，让学生能够张扬自己的个性，发挥自己的潜能，成为更好的自己。在我们教室里的学生，首先是活生生的生命。我们应该从生命的角度考虑，如何帮助他成为一个人，一个有理想、有激情、有智慧的人，一个能够适应社会并且受人欢迎的人，一个挖掘自身潜能、张扬不同个性的人。

三是要把教育的温暖传递给社会。许多问题，归根结底是教育的问题。尽管我们任何一个人，作为个体的力量都是有限的，但是，再渺小的个体，也能够温暖身边的人。所以，我们要让所有和我们相遇的人，都能够感受到我们的美好和温暖，这也是让人与人之间，让全社会变得更美好、更温暖的有效方式。

有人性的人是明亮的，有人性的教育是光明的。让教育沐浴人性的光辉，我们的今天将会更加幸福，我们的明天将会更加美好，我们的世界将会因此璀璨。

是以为序。

朱永新

2020 年 5 月 1 日

目 录

第一章　家校沟通概述 …………………………………………… 001

第二章　教师与家长沟通的策略和禁忌 ………………………… 013

第三章　教师与家长的沟通形式之一——家长会 ……………… 027

第四章　教师与家长的沟通形式之二——家委会 ……………… 081

第五章　教师与家长的沟通形式之三——家访 ………………… 109

第六章　教师与家长的沟通形式之四——微信 ………………… 127

第七章　教师与家长的沟通形式之五
　　　　——阅读、写作、书信等 ……………………………… 145

第八章　教师与家长的沟通形式之六——主题活动 …………… 169

第九章　心理学规律在家校沟通中的实践与应用 ……………… 183

参考文献 …………………………………………………………… 201

第一章

家校沟通概述

第一章 家校沟通概述

第一节 学校教育与家庭教育关系概述

苏联著名教育家 V.A.苏霍姆林斯基说,缺少家庭教育的学校教育和没有学校教育的家庭教育,都不可能完成培养人这一极其细致和复杂的任务。没有良好家庭教育的配合,单靠学校教育独立育人,教育是很难成功的。家庭是一个人学习的起源之地。学校不能没有家庭的配合。

从家庭方面讲,家长信任教师的专业能力,把孩子送到学校。家长在外忙工作,回家管孩子,个人事业发展和子女教育如何兼得的难题,令万千家长头疼不已。现实中,某些家长习惯当"甩手掌柜",他们的理由十分相似:"老师,××在家里不听话,您帮我好好管管!您是老师,您说话他肯定听!""老师,我们俩上班都挺忙的,孩子又不能耽误,但是交给您,我就放心了!""老师,孩子的情况您应该比较了解,辛苦您多引导他。"在教师与家长沟通交流的过程中,类似情况数不胜数。

其实,家长对孩子的影响力远胜于教师。将教育孩子的任务全部甩给教师,当真不是好事。每当听到"甩手家长"这样或者那样的"拜托",笔者总会不厌其烦地和他们交流:"父母是原件,孩子是复印件。""父母是孩子的第一任老师,家庭教育是人生的第一课堂。""家庭教育不到位,不仅会使学校教育的效果大打折扣,还会给孩子发展造成一定的消极影响。""父亲和母亲也是教育者,他们不亚于教师,是富有智慧的人类创造者。"

孩子生下来,"三翻六坐七滚八爬十二走"。良好的家庭教育离不开家长的示范和鼓励。学习如此,做人做事亦是如此。原北京四中校长刘长铭曾说,家长和学校配合越好,教育就越成功;

家长和学校配合不好，那结果极有可能是悲剧。孩子都是看着父母的背影成长起来的。

其实，家长最有可能做到因材施教，最有可能做到及时且有针对性地对孩子进行教育引导。其中，严慈相济的家庭教育也最容易取得成效。特别在小学阶段，孩子的自制力差，人际交往经验少，缺乏正确的价值观、人生观和世界观的引领，缺少辨别是非的能力，这需要我们一步步正确引导。从家庭里的"小皇帝"到班级集体中平等的一分子，某些孩子不适应这种变化，甚至表现出两面性：在家里是一个样子，在学校是另外一个样子。

在教育孩子的过程中，家长如果只依靠学校的教育，教师会感到力不从心；如果学校教育不能和家庭教育相互配合，结成"统一战线"，那么结果必将与育人目标相去甚远。所以，教育的效果取决于学校和家庭教育的一致性，如果没有这种一致性，那么学校的教学过程就会像纸做的房子一样坍塌下来。只有教师和家长相互沟通、相辅相成，学校教育和家庭教育才能取得完美的效果。因此，协同育人应该是学校教育与家庭教育关系的本来面貌。

从学校方面讲，教师负责管理与教育学生，是一个班级最有权威的"家长"。班级里的大事小情，小到某个学生的橡皮丢了，大到争吵打架，这些事情都有可能汇集到教师这里，这就要求教师竭尽所能。同时，教师又不是万能的，在教育孩子的过程中，必然会遇到各种问题。虽然家庭教育和学校教育目标一致，但教师和家长在教育理念、方式等方面不尽相同。

试想，如果教师在学生面前埋怨家教不力，家长在孩子面前斥责教师误人子弟，孩子如何在这样的冲突中拨正方向？教师和家长互相拆台的后果不仅是两败俱伤，还会让处在中间的孩子找不到方向。我们面对着共同的育人目标，教师的要求、家长的督促不应该成为家校之间矛盾的起因。"父母之爱子，则为之计深远。"因此，教师和家长都要多一分宽容和理解。

有位教育家曾说，家庭教育做得不到位，学校教育做得再好也无济于事。从某种程度上来说，教师与家长只是分工合作，只有双方互相信任、互相体谅、互相理解、互帮互助，才能共同完成育人这件大事。单靠学校教师，即便挖空心思，将学校教育做得再完美，也无法弥补家庭教育的缺失。

V.A.苏霍姆林斯基说，两个教育者——学校和家庭，不仅要一致行动，要向儿童提出同样的要求，而且要志同道合，抱着一致的信念，始终从同样的原则出发，无论在教育的目的上、过程上，还是手段上，都不要发生分歧。孩子的成长确实需要学校和家庭的共同努力。家长无论多忙，也要抽时间关心孩子，把培养孩子当成自己一生最重要的事业。

心理创伤治疗大师巴塞尔·范德考克说："儿童无法选择他们的父母，也无法理解他们父母的情绪变化（例如愤怒、忧郁、心不在焉等）和行为与他们无关。儿童只能让自己适应他们所在的家庭，这样他们才能活下去。"如果家长能够认识到这一点，对他们的孩子来说那将是一件幸事。

笔者经常思考：同一个教师授课，孩子们的成绩为什么会差别那么大？背后的原因，可能不在孩子，而往往在于家长及其背后的家庭教育。当家长埋怨孩子不听话、不懂事、不争气的时候，除了无奈和生气之外，是不是想过自己需要做些改变呢？总是羡慕"别人家的孩子"成绩好、性格好，却不曾想到别人家的父母在背后花了多少精力、心思。何况"孩子的智慧在他还未降生到人间的时候，就从父母的根上伸展出来"。先天不足，后天不补，何以后来居上？相反，如果家长能认识到问题，补足家庭教育的短板，孩子同样可以拥有精彩的未来。

V.A.苏霍姆林斯基说："教师最重要的任务是教会家长怎样教育孩子。"家长和教师应该像朋友一样，沟通交流像呼吸一般自然，这才是家校沟通的应有状态。

第二节 教师与家长关系概述

教师的天职是教书育人，热爱学生是教师职业的基本要求。教师不仅要在学习上帮助学生，还要在生活上关心学生，要在一定程度上把教育工作延伸到家庭，与家长建立起互信、默契的关系，得到家长的理解、支持和密切配合。这需要教师具有良好的人际沟通能力。著名作家朱自清先生说："人生不外言动，除了动就只有言，所谓人情世故，一半是在说话里。"戴尔·卡耐基也曾说："与人相处的学问，在所有的学问中应该是排在前面的。沟通能带来其他知识所不能带来的力量，它是成就一个人的顺风船。"那么，教师怎样才能处理好与家长的关系呢？

一、爱孩子是教师和家长最好的沟通方式

对家长来说，孩子不仅是其生命的延续，还是其家庭的精神寄托和整个世界。当他们把自己的"全世界"都交给教师，教师需要承载的就太多了。怎样管理好这个"世界"，首先一定是热爱，无差别、无缘由的爱，公平公正地对待每一个孩子，在生活、学习和心理上给予他们无微不至的关心，悉心培养他们的各种能力。如新生入学或入园，教师要耐心、真诚地指导帮助孩子适应新环境，让他们从心理上体会到安全感。适应新环境后，教师要着重培养孩子的学习习惯、生活习惯、运动习惯，等等。

爱是最好的教育。一旦学生感受到教师对他的爱，就比较容

易有学习、做事的积极性。孩子有了良好的精神状态，就更愿意与家长交流在学校的生活和学习情况。如果家长从孩子口中得知学校有趣、同学友好、老师爱生如子，就会从心底里认同教师、支持教师。这对于教师处理好与家长的关系是极有帮助的。

二、教师要引导帮助家长制定同向的教育目标

家长与教师是教育的合作者，双方应该心往一起想，劲往一处使。

我们经常遇到这样的情况：孩子不小心弄坏了同学的物品，或因某件小事与同学发生争执，两人当时可能很激动，哭诉、责备对方，甚至动起手来，谁也不愿意承认自己的错误。面对这种情况，绝大多数家长能够理智地处理，但也有个别家长因爱子心切而谴责对方。

教师在孩子入学或入园时就应当跟家长达成教育共识。教师应告诉家长，爱闹、爱动是孩子的天性，在今后的学习和生活中，孩子之间难免会出现这样或那样的摩擦，家长要有心理准备，遇到问题时要相互体谅、相互包容，从有利于孩子共同成长的角度协助教师一起解决问题；家长要教育孩子反思自己的行为，有则改之、无则加勉，争取今后不再发生类似的事情。因此，教师和家长一定要制定共同的教育目标，从而在教育方向上达成一致。

三、教师要与家长建立平等的沟通关系

在家校合作关系中，教师往往是主导一方，在沟通中要时刻与家长保持平等友好的关系。对待学生的过失，教师要有包容心。某些教师为了减少与家长的矛盾，避免家长过多地投诉学校，采取回避甚至迎合、取悦家长的做法。长此以往，有些家长会变得不可理喻，只要教师不迎合家长，他们就会抱怨或者投诉，最后烦恼的还是教师。也有一些教师抱有多一事不如少一事的态度，

对学生不管不问。这会导致教师了解不到学生在家里的真实情况，从而不利于学生的发展。所以，只有教师与家长建立平等关系，双方才能有效地沟通交流。

四、特殊情况下，教师要积极配合家长并给予帮助指导

学校或班级里总有一些"特殊"孩子，他们因为某些原因在心理、身体或智力发育方面存在问题。比如，笔者班上的一名学生开学两个月内多次迟到，理由五花八门。了解到该生的家庭教育存在问题后，笔者积极与其家长沟通交流，多次面对面谈心并指导他们如何配合学校一起教育孩子。慢慢地，孩子迟到的现象有所减少，但笔者始终没有放弃对这个孩子的帮助。常言道，育人先育心。笔者经常和他谈心，交流父母的事情，交流班级里的事情。经过一段时间的开导，孩子的变化越来越大。教师只有尽可能深入地了解孩子，小心翼翼地去触及孩子的心灵，功夫做到家，他心中的"坚冰"才会被爱融化。正所谓"感人心者，莫先乎情"。

笔者班上的另外一名学生存在生理缺陷方面的问题，他的爸爸在他上二年级时因一场意外事故去世，他由妈妈和年迈的爷爷抚养。妈妈没有工作，爷爷的工资既要维持一家人的生活又要给孩子治病，生活上的窘迫可想而知。笔者多次向学校反映情况，学校在了解了孩子的家庭情况后，及时给予他生活上、学习上的支持和帮助。孩子是家庭的希望，对孩子的帮助，就是对家庭的帮助。教师通过深入了解、帮助指导家庭教育，不仅有助于与家长建立情感联系，还会使家长对教师和学校产生更深的信赖。

第三节　协同育人是教师与家长沟通的基石

一、教师与家长要密切配合

教师与家长的合作关系是指在教育培养孩子的过程中，在关系平等、目标一致的基础上，教师与家长通过互相配合、互相依靠形成的一种愈加紧密的常态关系。教育部《中小学德育工作指南》中明确提出：要积极争取家庭、社会共同参与和支持学校德育工作，引导家长注重家庭、注重家教、注重家风，营造积极向上的良好社会氛围。

在快速的社会变革中，短视频、微博、微信等电子媒介对人们的影响越来越大。孩子对良莠不齐的信息缺少辨别能力，家长在教养孩子方面也迫切需要正确的家庭教育指导。所以，《中小学德育工作指南》中明确提出：要建立健全家庭教育工作机制，统筹家长委员会、家长学校、家长会、家访、家长开放日、家长接待日等各种家校沟通渠道，丰富学校指导服务内容，及时了解、沟通和反馈学生思想状况和行为表现，认真听取家长对学校的意见和建议，促进家长了解学校办学理念、教育教学改进措施，帮助家长提高家教水平。这些规定对加强教师与家长沟通合作关系，密切信息交流，形成教育合力意义重大。我国教育家陈鹤琴先生说："教育是一件很复杂的事情，不是家长一方面可以单独胜任的，也不是学校一方面可以单独胜任的，必定要两方面共同合作方能得到充分的功效。"教师只有与家长取得共识，帮助家长树立正确的教育观念，才能使家长和学校共同唱好家校合育这台戏，教育效果才会更好。

二、家校沟通的现状

社会的多元化带来价值观念、教育观念的多元化，网络媒介传播深刻地触动着人们的神经。同时，学生家长来自各行各业，在年龄、性格、职业和文化背景等方面差异很大。家长对学生的期望值又是多层次的，有些想法和教师的教育理念并不一致。这些都在挑战着教师的认知。

所以，教师与家长沟通时不能无视他们的差异而采取单一的交流方式，同时也不能对家长进行过于主观的猜测和推断。教师需要整体把握家长的基本特征，同时对具体问题进行具体分析，从学生家庭实际出发，充分了解和尊重家长，依据其个性特点采取因人而异的沟通方式。

如某些家长与教师沟通意愿不强，处于"被动沟通"的状态。笔者曾在家长中做过问卷调查，发现平时"与教师主动联系"的仅占32.1%，"当孩子出现问题时才偶尔联系"的达64.9%。

另外，有的家长在教育观念上存在问题。如，有的借口工作忙，没有时间照顾孩子，采取"散养"方式，对孩子成长持放任自流的态度，缺乏必要的约束和管教，忽视孩子成长过程中的可塑性。

有的家长因为不满意教师，在孩子面前抱怨、指责教师。这不是在处理问题，而是在发泄情绪，最终会损害教师在孩子心目中的形象，破坏师生之间的关系，不利于孩子的成长。

有的家长重视结果，轻视过程；重视成绩和名次，忽略人格和心理健康。在他们看来，只要孩子的学习好，其他都无所谓，一切要为孩子学习让路。

有的家长过于关注自我，忽视他人和集体，只关注自己家的孩子，不考虑别人家的孩子。

有的家长要坚持"富养"孩子，常常越俎代庖，替孩子包办一切。

有的家长对孩子的情感问题严防死守,缺少正确的引导与交流。

从教师层面看,某些新教师与家长主动交流的意识不强;某些教师担心在与家长沟通中出现解决不了的问题;某些教师面对强势的家长,因缺少沟通策略和技巧而怯于沟通。

第二章

教师与家长沟通的策略和禁忌

第一节　教师与家长沟通的策略

正如V.A.苏霍姆林斯基所说，教育技巧的全部奥秘也就在于如何爱护儿童。教育好孩子是教师与家长的共同目的，对孩子的爱能够拉近教师和家长之间的距离。了解是沟通的前提。教师要全面了解每个学生，包括性格特点、学习成绩、人际交往、参与活动时的表现以及其他任课教师对学生的看法和观点。同时，由于职业、性格、文化水平等因素的影响，每位家长的教育观念和教育方法不尽相同，教师与家长沟通交流时，也需要提前了解家长的需求，从而使沟通交流更有针对性。如，怎样与孩子顺畅沟通，怎样倾听孩子的心声，怎样帮助孩子养成良好的学习、行为、生活习惯，怎样帮助孩子提高计算能力，怎样培养孩子的艺术素养，怎样培养孩子的阅读兴趣，等等。

对家长坦诚相待、公平公正，是教师树立威信的最好方法。尽管教师在与家长沟通中起主导作用，但双方在人格上是完全平等的，教师要注意尊重所谓"差生"或"不听话"孩子的家长。教师要把学生家长看作朋友，站在他们的立场上，平等交流，真诚相处，让他们感受到教师的关注和重视。如果教师总是设身处地为学生、为家长着想，久而久之，他们肯定能体会到这份关切和感情。

教师应根据家长的不同类型、不同性格，有的放矢地进行有效沟通。如，对于家教良好、素质较高的家长，教师可以坦率地向其反映孩子在校的表现，认真倾听他们的意见，充分肯定和采纳他们的合理建议，适时商讨教育孩子的措施和方法。

对于比较溺爱孩子的家长，教师要学会自控，始终保持冷静、平和的心态，坚持以理服人，做到"多报喜，巧报忧"。首先要肯定孩子的长处，尊重家长"爱子心切"的情感，让家长感受到教师的爱心与诚意；然后再委婉地道出孩子存在的问题，指出溺爱的危害，言辞恳切地与家长一起分析问题，使对方在心理上愿意接纳教师的建议。

对孩子散养型的家长，他们多数忙于自己的事情，对孩子无心管教、无力管教，认为只要孩子不出大问题就任其自由成长，奉行"树大自然直"的理念。教师要引导这类家长明白家庭教育的重要性，耐心地给予指导。

对于对孩子放任不管型的家长，教师要"多报忧，少报喜"，提高他们的"忧患"意识，吸引他们主动参与到教育孩子的活动中来，鼓励引导这类家长学会与孩子交流，创造良好的家庭氛围。

还有不讲道理的家长，他们往往不理解学校、班级的工作安排，或者提出一些不符合教育规律的要求。遇到这样的情况，教师要沉住气，让家长先说，任他们释放情绪，然后再耐心平静地向他们解释、分析事情的利弊，做到以理服人。

对于过度关注孩子的家长，教师首先要肯定家长在孩子成长过程中的付出，引导家长正确地看待孩子身上出现的问题，不把焦虑急躁的情绪和简单处理问题的思维方式传递给孩子，启发家长换个角度看问题，学会放手，相信孩子，鼓励孩子，为孩子成长提供更多的自主空间。

对于对孩子有过高期望的家长，教师首先要肯定其合理的期望，理解"望子成龙，望女成凤"的心情，引导家长遵循孩子的成长规律，确立期望要在孩子的实际能力范围之内。否则，过高的期望和要求会给孩子造成较大的心理压力，从而影响孩子的身心健康。

对于说一不二的家长，教师可以鼓励孩子给家长写一封信，说说自己的心里话。教师要引导家长多听听孩子的心声，帮助家长转变教育观念，与孩子建立平等的关系，给孩子自由的空间，让孩子学会自己做选择和决定。

对于后进生或是不会管教孩子的家长，教师要尽力挖掘孩子的闪光点和特长，帮助家长看到孩子的进步，重新燃起希望和信心。

在与受教育水平比较高的家长沟通时，教师的自信心是非常重要的。教师的自信来源于过硬的专业能力与教书育人的水平。教师要有自己的主见，不要轻易被家长的意见左右。

教师在和家长沟通时，要学会讲述孩子不一样的故事。故事能引人思考，要有"深意"。只要善于发现，哪怕是班里最调皮捣蛋的孩子，身上也有闪光点，教师要围绕孩子"言而由衷"地讲述发生在学校里"不一样"的故事。笔者的班里有一个孩子，他每次吃完饭后总是迫不及待地跑到笔者跟前做出比较亲密的举动，在我衣服的同一个地方印满小手印。"您的孩子有爱心，喜欢亲近人"，我向家长讲述此情此景时，看到的是他们满满的感动与感激。

同时，教师要让家长讲述孩子在校外、在家里的故事，然后在不同的故事里进行印证，总结出教育孩子的策略和方法。

当然，教师讲好故事的前提是对孩子有较多的观察与足够多的了解，如行为、生活、卫生、运动、人际交往、性格特点等。有了对学生的全面了解，教师讲述孩子的故事时，家长就会感受到教师对孩子的包容和爱意。

在与家长沟通时，教师要用表扬开场，自然地切入批评。批评的目的是帮助对方，而不是否定对方、伤害对方的感情，教师应把重点放在改进不足的方面，做到有的放矢。教师在与家长交流时，要做到心平气和、态度诚恳、不急不躁。首先要理解、肯定家长良好的出发点，不使家长有挫败感，并尽可能采用间接的批评方式。对此，有的教育学家这样概括：一是心要诚，坦诚的话最有力量；二是要有彻底、中肯的分析，帮助家长追根溯源，分析问题；三是指导家长运用恰当的方式帮助孩子。

在与家长交流沟通时，要掌控交流节奏。有一位著名的音乐家说："想要创作出激动人心的音乐，首先得表现出对节奏独有的驾驭能力。只有找到了属于自己的节奏，才能够随心所欲地创作出那份独特的律动。"不只是音乐，沟通交流也是一样。即便是琐碎的话语，只要掌握了节奏，交流就会变得意味深长，富有效率。同时，教师要善于做好总结，以便继续跟踪孩子后续的发展，为下次谈话打下基础。

倾听是教师了解家长的最好方式，更是一种教育智慧。教师需要将自己整个心思都沉浸在交流中，通过"听"主动从对方那里了解孩子各方面的情况，概括提炼有益信息，给予对方恰当的反馈，确保沟通顺畅有效。真正的倾听，不仅仅要用眼睛和耳朵，更要用心。只有用心倾听，教师才可能体会并理解家长的思想与感情，家长才愿意诉说心中的困惑。

第二节　教师与家长沟通的禁忌

教师与家长沟通时，要注意以下禁忌：

一忌既没有合理安排好自己的时间，也没有考虑家长的时间。教师要提前联系家长，并预留出时间，以免家长急匆匆地赶到学校，教师正在处理其他事情，没有充分的时间进行深入的沟通，三言两语就把家长打发走。这样，家长难免会对教师有意见。教师更要避免因孩子"小过"而"究"家长，动辄打电话给家长。

教师和家长沟通要动之以情,晓之以理,哪怕是对"问题孩子",也要分清青红皂白,避免先逐一数落孩子的问题,再批评家长管教不严。

二忌谈话不具体。像"你家孩子表现不好,学习不认真,你回去要好好教育"这样过于笼统的话,听上去语重心长,却会令家长感到茫然无措。笔者认为,当下孩子和家长需要的是方法上的指导与引领。教师对于学生的优点应该大大表扬,而对于其目前存在的具体问题,应该委婉地指出,和家长一起分析问题产生的根源,真诚地提出解决问题的建议。教师要预先想好和家长交谈的内容和目的,全方位收集学生信息,预想交谈如何切入主题,如何谈学生的优点和问题,如何解决问题,如何结束。有了这些框架,谈话内容才会更加具体。

三忌交谈中的"一言堂"。教师与家长沟通交流是平等交流的过程。在这个过程中,不能是家长一味地解释,教师沉默不语,也不能是教师说个不停,家长一言不发。既然是沟通交流,教师要引导家长阐述自己的观点,做好反应式倾听,要注意肯定家长,调动家长教育孩子的积极性。有些家长自暴自弃,对孩子干脆撒手不管,破罐子破摔。这种情况不利于孩子的健康成长,教师要注意引导。

四忌用"请家长"这种方式来惩罚学生。当学生破坏纪律,不愿意接受教师的教育时,个别教师便把学生撵出教室,甚至会失态地打电话"请家长",或者声色俱厉地呵斥"家长不到,你就别上课!"如果教师以这种方法对学生进行惩罚,其结果必定是不好的。正如罗素所说:"凡是教师缺乏爱的地方,无论品格还是智慧都不能充分地或自由地发展。"有经验的教师总是善于控制自己的情绪,坚持正面正向引导,设身处地为家长谋划,帮助家长解决实际问题，最终赢得家长的信赖。如果教师不善于为家长着想，缺乏耐心和诚意，一味地追究家长对孩子的教育之责，最终只会失去家长的配合。

第三节　教师与家长沟通的原则

一、平等坦诚，礼貌周到

平等真诚，尊重家长。世界上没有两片完全相同的树叶，不同的人对事情的观点、看法也是不同的。抱着一种学习的态度去与人沟通交流，这是产生尊重的基础。与人沟通交流，没有什么比一颗真诚的心更重要。

真诚是沟通心灵的钥匙，是连接情感的纽带。情真方能动人。尤其是教师和家长，原本交集不多，沟通交流更需要真诚和尊重。教师要善于体察家长的心思，耐心、虚心地听取他们合理有益的建议。"爱面子"是人的天性，教师不能因为孩子犯一点错误，就立马让家长来接受"教育"。作为专业的教育工作者，教师首先要稳得住心、沉得住气，不能心急，更不能和家长起冲突，否则一切工作将前功尽弃。俗话说：动人心者莫过于情，情动之后心动，心动之后理顺。教师应该积极主动，用真情实感去触动对方。一旦家长在情感上接受教师，那么双方的沟通会顺畅很多，更容易达到预期的沟通效果。

注重礼仪，处事周到。婴儿的微笑最动人，是因为它发自内心。一个微笑所传递的真情胜过千言万语，微笑是最美的语言。诗人雪莱曾说："有了微笑，人类的感情就沟通了。"心理学认为微笑是接纳的标志。微笑给人的感觉是安心的，哪怕是浅浅的微笑都能消除对方的警戒心，传达出希望与对方交流的意愿。一个亲切的微笑等于告诉家长："我喜欢您的孩子，见到您我很高兴。"所以，请不要吝啬使用"您好""请""谢谢""对不起""再见"这些基本的礼貌词语，它们会起到润"物"无声的效果。眼睛是心灵的窗户。在与人交谈时，目光应有接触，这既是一种礼貌，又是维系谈话的需要。当然，目光交流并不意味着一直盯住对方。

不管在何种场合下，与他人见面时，人们往往会在最初几秒钟的时间里对他人做出一定的判断。虽然我们知道这种"先入为主"并不完全可靠，甚至还有可能出现很大的偏差，但它是最鲜明、最牢固的，甚至决定着双方交往的进程。大多数人会下意识地跟着"第一印象"的感觉走。在心理学上，这种作用被称为"首因效应"。所以，若想在人际交往中获得别人的好感和认同，就要注意给别人留下良好的第一印象。

沟通，从良好的第一印象开始。与人初次接触，外表形象很重要。整洁得体的服饰会给人留下干净利落的好印象，所以应特别注意。服饰要符合自己的身份、地位，还要注意场合。如，女士化妆要自然，不可夸张；男士要特别注意自己的衬衫、鞋子和指甲的修饰。第一印象一旦形成往往很难改变。因此，在和人交往的时候一定要注意自己的形象，从外到内应给人一种愉悦的感觉，让别人愿意和你交往，甚至主动和你交往。因为"我们永远没有第二次机会去树立第一印象"。

初次见面，我们的语言修养水平决定着他人对我们的第一印象。开朗、热情、亲切、平易近人的言谈举止更容易被人接受，这也是一个人精神面貌的体现。心理学家研究指出，良好的情绪是交谈的催化剂，能直接影响交谈的进程和效果。我们要学会控制自己的情绪，保持乐观的心态，培养出属于自己的迷人姿态。

二、反应式倾听

很多人认为，认真听对方说话，不时点头微笑，注视对方的眼睛，就是倾听。其实，倾听不仅在于你听得多投入，还在于你到底从对方的话中听到了什么。只有听到对方的感受和需求，并且给予恰当的回应，他才能感觉到被尊重。在和家长的交流中，教师要善于抓住并复述听到的关键词，这会让对方觉得你们之间有共鸣。倾听不仅要用耳朵，也要用眼睛，要察言观色，读出对方的情绪。这种心态可以让你不去总想着"打败"对方，或者费心思考你该说什么，而是尽可能地倾听，更好地关注对方传递的信息。听完对方的陈述后可以问"你对这件事有什么感受"，而不是直接评价。这样，对方才会感觉到你对他的话很感兴趣。

有的人在倾听时常把"自己"放在前面，往往还没有听完，心中已有定论。等人把话说完是对别人的尊重，同时也给了自己思考的时间，"善听者"往往强于"善说者"。在做听众时，请把"舞台"让给说的人，要保持开放、非批判性的态度。在"说者"与"听者"两个角色的转换过程中，在顺畅的交流中提出问题，分析问题，解决问题。

倾听是信息交换的一种方式，不仅要诚于心，还要形于外。除了语言文字之外，还要观察身体语言——姿势、动作、脸部表情等。一个人将信息完整地传达给外界，只会运用到7%的语言和33%的声音语调，剩下的60%要通过面部表情、眼神或者其他肢体语言来传达。在交谈时，要与对方侧身而坐或取直角位置，尽量避免与对方正面相对，以免给对方造成对立感或是压迫感。身体稍微前倾，表明你正在听对方讲话，并对其很感兴趣。每个人在谈话的过程中都会使用不同的手势。如，摊开手掌能给人诚实的感觉，可以提高可信度。可见肢体语言十分重要，要成为一个沟通高手，就必须善用肢体语言传递信息。

三、赞美孩子，讲好孩子的故事

父母是孩子的一座山，孩子是山间流淌的小溪；父母是孩子的一棵树，孩子是树上的小鸟；父母和孩子是一脉相连的生命共同体。"孩子在学校里表现怎么样？""过得快乐吗？""遇到问题自己能解决吗？"家长心里永远有这样或那样的疑问。教师在和家长沟通交流的时候，要会讲"孩子的故事"，要讲具体的事情、栩栩如生的细节，这样，家长才能感受到教育的温度和人情味。所以，教师需要认真收集信息，细致地思考，了解每个孩子。优秀教师会针对每个孩子建立一个"账本"，就像会计手中的台账。而这些正是靠平时的耐心积累和充分准备才能做到。毕竟再有实力的人，如果没有精心的准备，也无法说出系统、高水平的话来。

及时赞美是老师和孩子之间最有效的情感纽带，赞美孩子也是对家长的肯定和表扬。温斯顿·丘吉尔说，你希望别人有什么样的优点就怎么赞美他。因为教师的一句赞美，孩子学会了包容；因为教师的一句赞美，孩子懂得了承担；因为教师的一句赞美，孩子更加积极乐观；因为教师的一句赞美，孩子通过努力打破了自己的局限，迈向成功。

背后赞美别人比当面吹捧要有效得多。教师要学会通过家长之口赞美孩子，让赞美"拐个弯儿"。夸赞孩子的内容要具体，实事求是。那些被多数人甚至家长所忽略的闪光点或者潜在的优势更值得赞美。别出心裁的赞美，细枝末节的欣赏，家长更会铭记在心。

马克·吐温说，一句赞美的话，能当他十天的口粮。这句名言赋予赞美非常神奇的力量。即便是成年人也渴望得到他人的赞赏，从心底拥有一种被认可的期待。所以，我们不要吝啬对孩子的赞美。一句看似无意的赞美，有可能改变孩子的行为和思想，激发出孩子无限潜能。赞美孩子，讲好孩子的故事，能更好地促成教师和家长的良好沟通。

四、批评要讲究艺术，危机亦是教育的良机

批评要对事，对孩子的行为；称赞要对人，要尽量赞美孩子本人。这样，教师传达给孩子的信息是：老师认为我这个人很优秀，批评我只不过是因为我没有做好这件事。孩子在情感上会比较容易接受教师的批评。

哪怕是批评，也要用欣赏开头。先肯定，后批评；用表扬开场，自然切入批评。笔者在和家长谈孩子的缺点前，会先说出孩子的优点，说了优点后再说缺点，家长往往比较容易接受。如果见面就说孩子的缺点，哪个家长能接受？在指出孩子的缺点时，尽可能用鼓励的话语。如，教师对学生说："你这学期的成绩有所提高，我真为你高兴。但是，如果你数学不偏科，在这方面多下点儿功夫，成绩会更好的。"在这种情况下，学生会对老师表扬的诚意产生怀疑。他甚至认为，教师的表扬只是一种策略，目的是对他偏科的批评，从而心生反感。这样就达不到批评教育的目的，并且让学生产生误解。可以换一种说法："你这学期的成绩有所提高，我真为你高兴。如果你下学期继续努力，你的数学成绩也会像其他学科一样好的。"这样，学生就会接受表扬，也会接受教师间接的提醒，因为教师没有过分强调他的不足。

在教育孩子的过程中，我们难免会遇到一些危机时刻，此时，教师和家长如果能够把握这种危机，与孩子共同讨论解决方案，化解危机，孩子的记忆会更深刻，改变的动力会更强。孩子在改变坏习惯的过程中，行为习惯上的变化会导致他们出现各种情绪反应。教师和家长需要理解和接纳孩子的情绪反应，给予孩子尊重

和支持。

教师和家长应该成为孩子的"人生导师+心理咨询师",培养"治疗型"的师生关系及亲子关系,做到善于倾听、善于理解。如果教师和家长能够从关怀的角度去倾听孩子,站在孩子的立场上去理解他们,从一味纠正孩子过去的错误转向关注孩子未来的成长,那么,无论是与孩子沟通还是改正其错误,都会达到事半功倍的效果。

孩子出现问题并不等于他有天然缺陷,教师和家长不能以负面的思维反复强调。许多"问题孩子"早期会表现出一些与众不同的特点,但这些早期的问题通常并不是无法改变的缺陷。如果教师和家长能够聚焦于挖掘孩子的潜能,专注于孩子成长中可以改善之处,那么即便是"问题孩子"也可能变得"没问题"。相反,如果教师和家长总是向孩子灌输负面的思想,势必导致孩子自尊心低下,那么,原本没有问题也可能变得"有问题"。即使孩子确实存在天然缺陷或慢性疾病,教师和家长也要把孩子的缺陷和疾病仅仅视作"不完美",客观面对现实,积极鼓励孩子,给予其建设性的建议。孩子往往不太容易接受批评、苛责、命令的教育方式,甚至可能产生逆反的心理和行为。因此,更有效的办法是给予孩子建设性的建议,让孩子亲自参与教育的决策。

五、教师要做到与家长同频共情,进而形成共识

凤凰卫视有一档节目《鲁豫有约》,节目主持人陈鲁豫在听嘉宾说话的时候总是喜欢用手托着下巴,"深情"地望着嘉宾。等嘉宾说完一段话之后,陈鲁豫总会接上一句:"那然后呢?""那然后呢"是极为简单的四个字,却具有非同一般的魔力,它不仅表明陈鲁豫对嘉宾的话非常感兴趣,在认真地听,还表示她想要继续听下去,因为对方说得太好、太精彩了。这个小小的互动技巧,

让接受陈鲁豫采访的嘉宾都称赞她是一个非常招人喜欢的人。

　　心理学家卡尔·罗杰斯说，所谓的共情是指站在别人的角度考虑问题，它意味着进入他人的私人认知世界，并完全扎根于此。共情是指体验别人内心世界的能力。共情意味着让你所共情的人知道你能够理解他。

　　教师在和家长沟通交流时，换位思考可以发挥非常重要的作用，如果教师能设身处地地理解家长，为家长着想，把学生当作自己的孩子来考虑，家校沟通就可以取得更好的效果。也就是说，当你站在家长的角度思考问题时，或许会有不同的发现，从而能够多一分理解和宽容，为双方架起一座沟通的桥梁。因此，有人说，共情是穿上对方的鞋，陪他走一段路。

　　共情要求教师消除偏见，对待家长和学生一视同仁，以一颗宽容之心，帮助家长分析问题、提出建议，与家长达成有利于孩子发展的共识。

第三章

教师与家长的沟通形式之一
——家长会

第三章 教师与家长的沟通形式之一——家长会

第一节　家长会基本阐述

家长会是由学校或教师（以班主任为主）发起的，由学生家长、学生及任课教师参与交流、互动的会议或活动，通常采用教师讲述传达为主，家长提问为辅的形式。内容多为学校或班级重大事项的启动、落实，阶段性的总结与回顾，专题讲座，家长学校课程等。目的是准确、及时地向家长通报学生或学校教学情况、日程变化等，在共同的活动中加强交流，使教师更了解学生，使家长更了解教师，了解班级，了解学校。

家长会是班主任、任课教师和家长的一次"近距离接触"，特别是第一次家长会，家长和教师初次见面，是家长给教师各项能力"评价打分"的时候，直接影响到班主任和任课教师在家长心目中的形象。一次成功的家长会不仅能促进教师与家长良好沟通，还能促成家校合力，进而对教师日常的教育教学工作起到"四两拨千斤"的作用，其重要性不言而喻。

家长会可以指导家长家庭教育、解决家长在教育孩子过程中遇到的困惑，密切家校之间的关系，是家校合力合育的重要途径。笔者也衷心希望，我们教育工作者能在家长会工作方面做更多有益的探索，进一步谱写学校教育与家庭教育相得益彰的新篇章。

什么样的家长会算是比较成功的呢？基本的原则应该是有利于素质教育，有利于教师与家长、学生的相互交流与协作，有利于学生的身心健康发展，有利于学校、班级工作的开展。一次成功的家长会应该做到让家长知情况，让家长有信心，让家长会方法，让家长肯督促。一次成功的家长会应该能够使家长"顿悟"，催生出教育好孩子、提高家庭教育水平的强烈欲望。

第二节　开好家长会的几点建议

一、准备充分

自信是建立在充分准备的基础上的。教师只有准备充分才能够更自信地走上讲台，面对家长。孩子是教师和家长的纽带，家长会的主要内容是交流孩子的学习、生活情况，探求共同教育孩子的方法。教师和家长在教育孩子方面是天然的同盟军，应该结成牢固的统一战线，密切配合，共同教育孩子。

在家长会筹备阶段，教师要尽可能准确地掌握学生家长的情况，比如家长的文化程度、工作性质等，考虑怎样讲话才会有的放矢，引起家长的共鸣。班主任要做有心人，将平时的观察、与学生座谈等了解到的情况记录下来，并注意梳理归纳；还应同任课教师沟通，注意倾听与自己观点不同的意见，对每个学生做全面分析；掌握学生在思想、学习、心理、体育锻炼等方面的进步表现和存在的问题，以便及时反馈给家长，使家长能够及时了解孩子的变化，针对具体问题，采取相应措施。

开家长会时，教师要热情招待这些尊敬的客人——因为他们是学生的家长、教师的朋友。所以，教师要消除紧张心情，与家长平等地交流、对话，和他们建立起良好的关系。这是家长会成功的重要条件。

家长会后，教师可以鼓励家长将家长会的收获、思考、启发以及家庭教育中存在的困惑整理出来，然后据此给予有针对性的指导与交流。

二、内容丰富

在家长会上，教师要阐述工作思路和教育理念、班级情况、阶段性回顾总结、孩子的表现等。这些都需要教师写出详细的发言稿,这样讲的时候才能够脱口而出,让家长感觉到教师认真负责,平时为孩子花了很多心思,从而能放心地把孩子交给这样的教师。

有的教师觉得自己的工作只是一些烦琐的小事情,不用向家长一一汇报。这样想就错了,因为家长对教师的工作内容未必十分了解,教师要充分利用家长会这个与家长交流的好机会,让家长了解教师工作的性质和细节,以此来调动家长配合学校、班级工作的积极性。家长认可教师的工作,才能更好地配合学校教育。教师应认真思考,判断哪些问题是自己可以解决的,哪些问题是家长可以解决的,哪些需要双方配合,然后提出解决问题的方法。

一般来说,家长会要介绍班主任、任课教师,孩子在班级的学习、生活等情况,包括孩子的品德言行状况、心理状况、综合素质情况等。可以邀请学生代表、家长代表发言,介绍典型的事例、学校举行的各项活动及学生在活动中的表现和收获。家长更喜欢听有关孩子的具体情况,而不是空洞的说教和指责。所以,班主任平时要留心学生的行为细节,把要阐述的观点融入小故事中。如果教师有记录工作日记的习惯,开家长会时就可以派上用场了。教师说得越是有根有据、真实可信,家长就越爱听,教师在家长心目中的地位也就自然而然地提高了。主题鲜明、内容丰富的家长会可以让家长感受到孩子的成长。

三、形式多样

家长会每学期至少召开一至两次,时间多安排在学期初或期中、期末考试前后。如果每次家长会都是同一个模式,家长也会厌烦。因此,家长会不妨在形式上创新,不拘一格,尝试采用多种形式。如三方(教师、家长、学生)共同参与的家长会,通常是教师先向家长汇报一个学期以来的班级学习生活情况,然后三方一起讨论，共同参与。这种家长会可以避免"一言堂"的说教和枯燥。

圆桌交流式家长会是邀请家长围成一个大圆圈进行座谈，这样可以拉近家长之间的距离。在会上，可以请家长代表谈谈家庭教育的经验和做法，使大家能够相互了解、取长补短。这种形式比空洞的宣讲更有说服力。

成果展览式家长会是邀请家长观看、翻阅学生的习题簿、手工报、作文范文、美术和手工作品等，让家长了解班级文化、孩子的活动成果，促使家长关注孩子的各种表现。

表演式家长会是邀请家长来班级观看学生编排的文艺节目或主题中队会活动等。在热烈、活跃的气氛中，家长在观看节目的同时得到启发，拓宽家庭教育思路，与此同时，挖掘孩子的潜能，鼓励孩子学有所长、心有所想，坚持自己的爱好。也可以尝试由孩子们来总结班级各项活动，如由体育委员汇报班级文体活动，由组织委员汇报班级好人好事。因为最了解班级日常生活的就是这些孩子，由他们参与汇报班级活动的家长会很受家长的欢迎。

四、当众表扬，个别提醒

在家长会上大力表扬孩子所取得的荣誉是十分重要的。这时候，被表扬孩子的家长是最自豪的。每个孩子都有优点，每个孩子都有受表扬的机会，表扬孩子就是表扬家长。所以，班主任不要吝啬表扬。表扬会起到引领方向的作用。

教师对学生的优点要"放大"看，对缺点要"缩小"看，多赞扬，少批评，用发展的而不是凝固的眼光看学生。学生难免犯错，这也是他人生成长的一部分。

每个学生都是不同的。召开家长会时，如果批评学生的某些做法，可以笼统地说，一定不能具体到个人。另外，要注意保护学生的隐私，学生成绩和学生的家庭住址及联系方式等信息一定不能公开，也不能随意向其他人提供。

第三节　家长怎样参加家长会

一、参加家长会的注意事项

1. 按要求准时到场，穿着自然得体，遵循社交礼仪。在会议开始前，家长要关闭自己的手机等通信设备，对教师和其他家长予以尊重。认真倾听教师的讲话，不随意打断。即使心存疑问，也要等到教师说完，再进行发问，阐述自己的观点。

2. 用心聆听，及时记录。准备一个专门记录家长会内容的本子，记录教师的讲话要点，方便会后和孩子沟通交流，或者作为下一阶段教育孩子的参考资料。如果孩子受到表扬，家长要加以肯定。

3. 找恰当时机去询问教师。家长会上，教师会对整个班级的情况做一个大致的介绍，单独针对一个孩子进行说明的情况很少。一般在家长会的最后阶段，教师会留出一段时间与大家交流，家长可以抓住这个机会，问教师一些重点问题。在任何情况下，家长都要帮助教师树立威信。亲其师，信其道。如果有不理解的地方，可以通过双方的真诚交流，寻找教育孩子的最恰当方法；如果有特殊问题，可以在散会后和教师单独交流，说说孩子在家的表现，把教师对孩子的要求和建议记录下来。

二、家长会是改善家庭教育的好时机

家长会后可以召开家庭会议，帮助孩子分析目前的状况以及需要解决的问题，制订切实可行的计划。家长的肯定与鼓励很重要，要让孩子始终保持一种积极向上的良好心态。

以下是家长会后四种常见的现象：

一是在家长会后，家长只简单重复教师的要求，随便对号入座。这无法达到让孩子进步的目的。

二是在家长会后，家长教育孩子时夸大孩子在学校的问题。这会使孩子认为教师没有如实地反映他在学校的情况，从而对教师产生抵触情绪。

三是新账旧账一起算，"数罪并罚"。这类家长经常因为孩子某一次表现不好就联系以前的种种表现，大加斥责，使孩子更加抵触。

四是家长看到自己的孩子没有别人家孩子表现得好就大发脾气，回家后除了埋怨就是责骂。这会使孩子逐渐养成说谎的不良习惯。

针对这些现象，教师可以在家长会前与家长交流，并指导家长会后应该怎样与孩子进行交流。

第四节　分类设计、召开家长会

【案例一】

习惯铸就品质

设计思路：

通过家长会介绍教师的教育理念、教育方法，让家长了解教师的带班原则，争取家长对教师工作的配合与支持。

工作原则：

尊重、信任、鼓励每一个孩子，关心孩子的长远发展；不溺爱孩子，宽严相济。

第三章 教师与家长的沟通形式之———家长会

活动安排：

1. 聆听校长讲座《如何爱自己的孩子》。

2. 聆听班主任讲座《习惯铸就品质》。

活动内容：

（一）班主任讲述习惯的重要性。

1. 教育目标：帮助学生养成良好的学习习惯、行为习惯，为学生的终生发展奠定坚实的基础。

学习习惯方面：养成学会倾听的习惯、善于思考的习惯、敢于提问的习惯、与人合作的习惯、自评互评的习惯、按时完成作业的习惯。

行为习惯方面：做到诚实守信、尊重他人、守时惜时、懂得感恩、勤俭节约、遵守秩序。

2. 习惯养成方法：讲道理，反复训练，自我约束。

（二）关注孩子体质健康。

体育老师结合体质监测情况进行总结，并倡导孩子多锻炼身体，积极完成安全教育平台的学习，提高安全意识和技能。

（三）其他事宜。

1. 回顾一日生活。

2. 总结孩子的变化。

3. 严格是一种大爱。

【家长心得体会一】

今天参加家长会，我首先在音乐厅听取了张校长《如何爱自己的孩子》讲座，然后在班级教室孩子的座位上听取了班级几位任课老师的讲解和点评。班主任朱老师也对班级动态和注意事项做了说明。通过校长、老师的讲解，结合孩子的第一次考试成绩，我更加深入了解了学校的教育理念、班主任及任课教师的教学方式和教学要求、班级的教学动态，还认识到，自己孩子在适应班级生活中还有需要改进的方面。

孩子进入小学，开启了他人生的一个新阶段。小学低年级是孩子养成各种习惯、适应环境、熟悉规则的重要阶段。在这个阶段，家长、学校、教师对孩子都有着重要的影响，其中家长责任更加重大，低年级孩子更需要家长的督促与鼓励。

家长其实更了解自己的孩子，我在孩子入学前也阅读过不少关于帮助他成长的资料，对如何帮助孩子有初步的认识。在入学之初，我重点关注孩子做作业习惯的养成，督促他及时完成作业，帮助解决作业中的难题，检查作业中出现的错误。入学两个月来，通过与班主任的沟通，我意识到之前那种重创新轻规则、重表扬轻批评的教育方式，导致孩子入学后规则意识不强，对老师的批评缺乏敬畏感。认识到家庭教育存在的问题后，我及时调整教育思路，加强家庭规则养成训练，增加对孩子的惩罚内容；及时与班主任沟通，实时了解孩子在学校的表现，及时反馈孩子在家里的表现；尽力将家庭教育与学校教育合为一体，与教师形成教育合力，帮助孩子克服缺点，养成良好的习惯，适应新的学习环境。

家长会是联系学校和家庭的重要桥梁，是了解孩子学习、表现及班级动态的重要渠道，也是协调学校教育和家庭教育的重要纽带。它帮助新生家长更深入地了解学校教学理念、教师授课方式，帮助家长更有效地参与孩子的成长。非常感谢组织本次家长会的校领导、教师，今后我将更密切地与教师和学校沟通，做一名合格的家长。

【家长心得体会二】

11月18日下午,我作为家长参加了孩子上小学后的第一次家长会。会议在张校长《如何爱自己的孩子》的主题讲座中开始,在班主任朱老师《习惯铸就品质》的主题讲座中结束,整个过程让我收获颇多,以下的几点心得和体会,愿与大家分享。

孩子是父母手心里的宝,天下父母没有不爱孩子的,但是如何爱孩子?如何正确地爱孩子?是不是每一位家长都做到了呢?

首先,我觉得爱是一种理智的、有原则的情感表达。从孩子呱呱落地,家长身份转化,这种情感就已经存在。但是,家长一定要控制自己的感情,要有分寸,不能过分地情绪化,尤其不能把工作中不好的情绪带给孩子。同时,家长也不能一味地迁就孩子,满足孩子的各种要求,一旦过'度',就成了所谓的溺爱。溺爱恰是一种失去理智、直接摧残孩子身心健康的爱。在年轻父母或者长辈带孩子的过程中,或多或少地会出现溺爱的情况,比如,特殊待遇、轻易满足、包办代替等。这些情况一旦出现,家长坚决不能纵容,开始的显意识必然造成后面的潜意识。因此,制定规则,以合理的爱保护孩子的健康成长尤为重要。

其次,爱与严格要求相结合。所谓"爱之深,责之切",说的就是严格要求是出于深切的爱。严格要求必然让孩子感到痛苦,他需要独自去承受。在这个过程中,孩子慢慢树立自信心,有了自理能力,心中充满正能量,做事持之以恒,就会为以后的成功奠定坚实的基础。与此同时,严格也要有分寸,要循循善诱。

第三,培养孩子独立自主的习惯。习惯铸就品质,养成好的习惯,一生受益。张校长的讲座着重强调习惯的培养。小学一至二年级正是培养习惯的最佳时期,此时的孩子还是一张白纸,家长就是执笔的作者,如何引导尤其重要。当然,培养孩子独立,不能操之过急，不同的年龄段应提出不同的要求，在孩子力所能及的范围内培养。

第四，就我而言，我很庆幸给孩子选择了实验小学。学校的多元化教学，班主任慈母般的教导，让孩子在这样一个和谐的环境中成长，我很放心。对于孩子来说，这次期中考试中的小失误，反映出了孩子粗心，基本功不扎实。借此家长会，我和孩子促膝长谈，制订措施加强习惯培养，尤其是改掉上课搞小动作这个坏习惯，希望孩子能信守承诺，作为母亲的我也会尽职尽责地陪伴孩子一起成长。

最后，感谢学校给予我们这个近距离接触学校的机会，感谢朱老师开学两个多月对孩子的细心教导，谢谢！

【家长心得体会三】
爱孩子是一种能力

2019年11月18日，我作为学生家长参加了女儿步入小学阶段后的第一次家长会。在开会之前，我有点紧张，因为我以为这次家长会的主要目的是分析孩子的学习成绩，参会后才发现和我想象的截然不同。不论张校长还是班主任朱老师，他们更在意孩子的习惯养成和终身发展。通过参加这次家长会，我对学校教育有了更深刻的认识和理解。

家长会后，仔细回味教师的话语，我有以下几点体会：

一、爱孩子是一种能力，要走出爱的误区

父母是孩子的第一任教师。父母的一言一行对孩子的影响很大。父母要给孩子树立榜样，要经常与孩子交谈，尊重他们、理解他们，不能一味地溺爱。之前孩子做什么事情我都不放心，经常大包大揽地为孩子做好一切。实际上正如校长和朱老师所说，这不是真正地爱孩子，而是害了孩子。所以，家长会后，我也反思了自己之前的一些做法，要学会放手，孩子自己能做的事情尽量让她自己动手完成。

二、帮助孩子养成好习惯

"好习惯比分数更重要"，这句话让我感触很深。的确，一个人的成功，除了智力因素，还有非智力因素的影响。对于大多数人来说，非智力因素才是决定因素。非智力因素很多，其中之一便是习惯。一个人从小养成良好的生活习惯、学习习惯、行为习惯、品德习惯、思维习惯等，对他今后的成长大有益处。所谓"习惯铸就品质"。

在家长会上，朱老师提出了学习习惯的几个方面：学会倾听、善于思考、敢于提问、与人合作、自评互评、按时完成作业。良好的行为习惯包括诚实守信、尊重他人、守时惜时、懂得感恩、勤俭节约、遵守秩序。朱老师还推荐给我们习惯养成的教育方法：1. 讲道理；2. 反复训练；3. 自我约束，建立规则意识。回家后，我和女儿讲了这几方面，讨论了该如何去做。孩子和我都有了努力的方向。

三、营造良好的学习氛围，家长和孩子共同进步

不论是校领导、朱老师还是语文老师都强调阅读的重要性。一名负责任的家长应多陪伴孩子，陪她看书、学习；引导孩子，让她爱读书、会读书。平时不要总是催促孩子"快点儿快点儿"。人生本来就是一场"长跑"，孩子享受"长跑"的过程才最重要。希望我的孩子能健康、快乐、自由地跑完人生的长跑。另外，我也认识到分数只是学习的一部分，而不是全部，我希望自己能和孩子一起快乐地"成长"。

我庆幸孩子选择了一所能让她快乐学习的学校，庆幸孩子遇

到了几位既有丰富教学经验又有育人智慧的好老师。特别感谢班主任朱老师，她的高尚师德和对每一个孩子真诚的爱让我特别感动。

【家长心得体会四】
学会爱，共成长

2019年11月18日，星期一，我怀着忐忑又有些兴奋的心情参加了孩子入学后的第一次家长会。应该说小学阶段是孩子人生中一段很重要的历程，因为好的启蒙是可以让孩子终身受益的。我为孩子能选择实验小学而感到幸运，因为从校长到班主任都设身处地在为孩子和家长着想：怎样能让孩子更好地发展，从而拥有丰富的人生。

收到开家长会的通知时，我压根儿没想到我们会先听校长的讲座，所以当看到礼堂上方"如何爱自己的孩子"几个大字的时候，心里是有些许不解的。毕竟现在大部分家庭只有一个宝贝，来自爷爷奶奶、姥姥姥爷、爸爸妈妈的宠爱一点儿都不少，我们怎么会不知道怎样爱孩子呢？但听完讲座后我才知道，我们真的应该重新学习如何来爱自己的孩子。

1. 你了解你的孩子吗？"孩子总是自己的好"，家长们聊天的时候，一般最先夸奖的就是自己的孩子如何优秀，却看不到孩子身上的缺点。"短视、漠视不等于不存在，反而会让优势得不到发扬。"每个孩子都有不同的特点和需要，家长一定要结合孩子的生长发育情况、性格特点因材施教。一味地夸奖和表扬，不利于培养孩子的良好习惯。

2. 养成好习惯。好习惯在孩子成长过程中的重要性不言而喻。张校长通过"大象与木桩""开车走老路"以及比森特·福克斯·克萨达的成长经历等浅显易懂的小故事告诉我们，好习惯源自家庭，父母以身作则才有利于孩子养成好的习惯。孩子就像一张白纸，父母在日常生活中的言行举止会给他们带来很大的影响。对于这一点，我深有体会。孩子身上的缺点就是父母身上的缺点，只有做好孩子的榜样，孩子才能越来越好。

3. 培养广泛兴趣，发展爱好特长。随着社会的发展，对人才的需求已经不单单是要求学习成绩了，只会死读书的人到了社会也不会有好的发展。张校长介绍了实验小学的特色课程，可以让孩子在德智体美劳各个方面有不同的选择，从而促进孩子的全面发展。

4. 走出爱的误区。我想，这一点应该是所有家长都需要注意的。俗话说，惯子如杀子。今天父母的溺爱可能会导致孩子明天的失败，当然，在管教孩子的过程中，也不能斥责打骂。张校长说的"把握原则，控制情绪"让我非常受益。我在今后的生活中一定要引以为戒。

张校长的讲座结束后，我们来到了孩子的教室，心怀忐忑地打开了摆放在桌子上的期中试卷。这是孩子学习生涯中第一次真正意义上的考试。虽然没有取得满分，而且试卷中有一些因为粗心而导致的错误，但我想，未来的路还很长，一次失误并不代表什么。希望孩子能够记住每一次的经验教训，一步一个脚印踏实地走下去。

语文、体育、英语老师都对孩子两个月以来的学习情况做了总结。语文老师细致全面地分析了孩子在拼音学习方面的难点与弱点，同时告诉了我们解决的方法。拼音是语文学习的基础，学好拼音会为后面的阅读等带来很大的便利。孩子在拼音细节方面有点弱，需要加强练习。体育老师看起来比较憨厚，相信孩子在他的带领下身体素质一定会越来越好。英语老师很年轻，她的英语发音很标准。一年级的英语只有听读，但老师的严格要求会对孩子的英语学习很有帮助。

这不是班主任朱老师第一次组织我们开会了，对于她认真负责的态度，我们从开学第一天就深有体会。这次家长会，朱老师强调的是"习惯铸就品质"，同样让我感受颇深。

1. 朱老师教学经验丰富，她给一年级的家长和学生在学习习惯和行为习惯两个方面提出了目标。学习习惯：学会倾听、善于思考、敢于提问、与人合作、自评互评、按时完成作业。行为习惯：诚实守信、尊重他人、守时惜时、懂得感恩、勤俭节约、遵守秩序。朱老师将以上各条与实际发生的一些小事情联系起来，举例给我们听。从这些点点滴滴的小事上就可以看出，朱老师在学校同时扮演着家长的角色，在孩子学习和行为习惯的养成上付出了很多。

2. 朱老师也强调了好习惯的重要性，并告诉家长习惯养成的教育方法和步骤。首先要通过讲道理让孩子明白什么是好的习惯，好的习惯会给孩子带来哪方面的好处。接下来就是反复地训练，逐渐地养成，从而建立规则意识。"启事在教诲，成事在榜样""好德行不是要求出来的，而是效仿出来的""严格就是大爱"，这些看似简单却饱含人生哲理的话语让在座的家长深有感触。把孩子交给这样的好老师，我感觉非常放心。

此次家长会历时四个多小时，从校长到班主任再到各科老师，让我从心底里感受到实验小学严谨的校风、优秀的师德。作为家长，我们一定在家庭生活中给孩子做好榜样，不辜负学校和老师辛苦的付出，期待未来六年孩子丰富多彩的小学生涯。

【家长心得体会五】

用心感知，一切为了孩子

今天我第一次参加孩子小学入学后的家长会，有感慨，有反思，家长会指明了我去改变和努力的方向，总之，我收获颇丰。

第三章 教师与家长的沟通形式之一——家长会

一、感慨

家长会前我的心情是既紧张又期待。紧张是缘于孩子半个学期的检测成绩未知，心里难免忐忑不安；期待是缘于太想全面了解孩子的在校情况，毕竟刚进入小学两个多月，对于我和孩子来说，这都是一个崭新的开始。家长会后紧张解除，因为孩子的成绩我还可以接受；期待得以满足，因为老师们的介绍足够详细。随之而来的则是信任，信任学校，信任老师，而信任来源于了解。

听取了张校长的讲座——《如何爱自己的孩子》，我深深地感受到学校对孩子培养的用心。张校长选取了最贴近家庭教育的主题，面对"六大一小"的家庭结构，如何爱孩子，如何正确地爱孩子，无疑是每个家庭的课题。张校长从理论到实践，以大量案例为载体，结合学校和美教育的办学理念，多元化的课程体系，丰富多彩的社团活动，给我们做了生动详细的介绍。因此，我相信，有专家型校长的引领，我们的学校会越来越好，孩子更会从中受益。

班主任朱老师以"习惯铸就品质"为主题，和家长们介绍了孩子们两个多月的学习生活情况。我深深地感受到老师对每个孩子的爱。非常赞同老师高标准、严要求的做法，以及对孩子良好习惯的培养。语文、英语、体育老师也和家长们做了交流。我很庆幸，老师们的介绍不仅仅针对孩子的成绩，更多的是教给家长们解决问题的方法，很实用，也很有效。因此，我相信，有研究型教师的培养，我们的孩子会不断进步，快乐成长。

二、反思

对照着校长和老师们的教育理念，我感觉自己在教育孩子方面还有许多误区。

首先，浸入式的关怀使孩子总是被动地接受爱，主观意识被束缚。这种关怀满足的是家长的心理需要，但孩子的潜力得不到挖掘与释放，导致他们不会很好地管理自己。放手也是一种爱，让孩子在自己的经历中成长，成长的种子就在他们的经历之中。

其次，在培养孩子的生活习惯方面，我们没有以身作则，没有好好引导，导致孩子在生活自理方面相对薄弱，这个责任在于家长。所有良好的习惯都应该从家庭教育开始，在学校教育中得以规范、巩固。在接下来的日子里，我要和老师配合好，把发现的问题解决掉。

三、改变

在感慨和反思之后，我认为，不管在思想意识方面还是在行动方面我都应该彻底地进行改变，持"静待花开"的心态，用更多的耐心，更科学的方法，更用心的付出，去陪伴孩子享受成长的历程。我有决心去改变，这是我作为母亲的责任。一切为了孩子。

【家长心得体会六】
千里之行，始于足下

11月18号的家长会是孩子升入小学后的第一次家长会。会前，我一直在担心：孩子这几个月的表现到底怎样？学校领导和老师会有怎样的评价？今后如何更好地教育孩子？家长会后，我有了清晰的答案。

首先，张校长为大家讲解了"如何爱自己的孩子"。张校长告诉我们，父母是孩子的第一任老师，家长要深入了解自己的孩子，帮助孩子从小养成良好的习惯。讲解中，张校长引用了许多翔实的案例，让我耳目一新。"行为决定习惯，习惯决定性格，性格决定命运"这句话给我留下了深刻的印象。为了帮助孩子认识到自己的不足，会后我们深入沟通，分析问题，有针对性地制订了计划，培养好习惯，让孩子在轻松的环境中实现自我修正。

其次，班级家长会时，任课老师对孩子的学习进行了点评。从老师们的言谈举止中，我明显地感受到他们对孩子倾注了满满的爱，我相信在这样优秀的班集体，孩子一定会健康成长。欣欣的语文测验丢分较多，语文科宋老师分析了丢分的主要原因有"不会考试""不理解题意""不会检查"，并提出了"管住嘴，管住手，眼睛跟着老师走"的课堂学习要求。我受益匪浅，回家后一定让欣欣加强训练，争取下次取得更好的成绩。班主任朱老师从学习习惯、行为习惯、习惯养成等方面对如何培养孩子的良好习惯进行了讲解，并与家长们分享了自己的育儿经验。作为家长，我们要担负起家庭教育的责任，以身作则，言传身教，用实际行动配合学校、老师教育好我们的孩子。

人生是一场马拉松，孩子的人生刚刚起步，期待在校长和老师的关怀之下，我们和孩子共同成长、共同进步。

【家长心得体会七】

学习正确地爱孩子

听张校长关于"如何爱自己的孩子"的讲座，一种"好雨知时节"的感慨油然而生。讲座中涉及的问题都是我长久以来一直困惑、纠结的，而在聆听讲座的过程中，我找到了答案或者方向。于我而言，这是一次改变思想、触动心灵的学习。在此，我将自己的感触与收获分享给大家。

1. 爱孩子的能力是需要学习的。高尔基曾经说，单单爱孩子，这是母鸡也会做的事情；可是善于教养他们，却是一桩伟大的公共事业，需要才能和全部的生活知识。我们所说的爱孩子，当然不仅仅指母鸡也具有的本能的爱，还融合了善于教养的爱。这种爱不是没有门槛的，而是需要能力的，包括正确、全面地了解自己的孩子的能力，帮助孩子养成好的习惯的能力，帮助孩子培养广泛兴趣爱好的能力以及避免爱的误区等。这些能力不是与生俱来的，而是需要我们家长通过有意识地持续学习来获得的。

2. 教育孩子是父母的事情。很多人在教养子女上存在误区，认为任何成年人都可以教育孩子，祖父母可以教育孩子，保姆也可以教育孩子。因此，他们心安理得地将孩子扔给祖父母或者托管机构、保姆，自己却不管不问。岂不知，这种教养模式极有可能导致"问题孩子"的产生。孩子是父母的"责任田"，教养孩子，父母责无旁贷。只有得到父母亲力亲为的爱心浇灌，孩子才能健康、茁壮地成长。

3. 正确理解快乐教育。近年来，关于快乐教育的争论一直持续不断，何谓快乐教育？教育应该是快乐的吗？张校长的讲解让我们豁然开朗：快乐教育是指教育技巧与方法应该是使人快乐的，而非教育内容的空白、无难度，更不是漫无目的、放任自流的不管不问。真正的快乐是经过拼搏努力后的成功，而这个过程必然不都是快乐的。不能鼓励或者放任孩子去追求肤浅的轻松、快乐，因为这只会导致懒惰、自私、不负责任等不良后果。严是爱，宽是害，严格有爱的教育引导才是正确的教育方式。

4. 教育孩子不能急功近利。养孩子不是短跑，而是马拉松。家长要目光长远，要有不计一城一池得失的心态与格局。不能紧紧盯着孩子的成绩单，而是要注重孩子习惯与性格的培养，要切记"好习惯是不断产生利息的资本，坏习惯是无法还清的债务"，培养孩子的好习惯，有技巧地帮助孩子改变坏习惯，为孩子的终身幸福奠定根基。要谨记"大象与木桩"的警示，不要扼杀孩子的天性。要鼓励孩子充分发掘与释放生命的潜能，培养孩子做有独立人格的人。

当然，收获远远不止于此。今后，这些收获与感触会慢慢融入我及家庭对孩子的教育过程之中。作为一直在他人的经验与自己的摸索中前行的"菜鸟"妈妈，我想自己是幸运的，能够在孩子人生刚刚起步的时候得到这么有针对性的指导，为孩子及自己找到正确的努力方向。感谢校长，感谢老师，你们不仅承担起孩子学校教育的责任，更额外地担负起家庭教育、父母教育的责任。作为家长，我非常感动，同时也感觉到更有责任配合学校与老师做好家庭教育。我愿与学校和老师携手，共同努力将孩子培养成一个人格独立、身心健康、有益于国家与社会的人。

【教师总结】

这个班级是我从一年级开始带的，家长整体素质较高，在运用老师倡议书信交流这种方式后，班上每一位家长都将自己的家长会后感受发给了我。读着每一位家长的信，如同面对面交流，我看到了家长在孩子成长过程中的善思与善行。

【案例二】

新学期初次见面家长会

设计思路：

班主任通过家长会介绍自己的教育理念、教育方法，让家长了解自己的带班原则；通过交流，在工作中取得家长的配合与支持。

活动内容部分实录：

各位家长，上午好！我是朱老师，本学期由我担任本班班主任，任教数学学科。我是老师，同时也是一名家长，我的孩子现在正读高中，所以，家长的心情我都能理解。我刚教完六年级，也是上个六年级级部的负责人。我想，新学期大家一定很关注孩子的新老师。下面我简单介绍一下我的带班原则：公平、公正、公开。

新学期的第一次家长会，我都会和家长一起了解现阶段孩子的特点以及现阶段的重要性，以明确我们的工作目标，顺势而为。

一、四年级学生特点以及重要性

四年级在小学教育学段处在从低年级向高年级的过渡期，是培养学习能力、情绪能力、意志能力和学习习惯的最佳时期。这个时期的孩子如果经过正确引导，综合能力会得到快速提高，将会在学习的旅途中实现一次具有人生意义的跨越。

1. 四年级是孩子大脑发育的关键期；
2. 四年级是培养孩子学习能力的关键期；
3. 四年级是培养孩子情绪控制能力的关键期；
4. 四年级是良好学习习惯培养和定型的最后关键期；
5. 四年级是培养优良品德和社会评价能力的重要期；
6. 错过这个关键期将产生严重后果。

孩子的成长不是匀速的，而是存在若干的关键期。四年级不仅是孩子学业成功的关键时期，还是其他综合素质发展的关键时期，所以，把握好这一教育契机对孩子来说是非常重要的。

但是，孩子自己不可能知道这个时期的重要性，告诉孩子四年级的重要性也不会起到任何作用。此外，尽管四年级的学校教育将会发生一些显著的变化，但是学校教育毕竟只是孩子教育的一部分，甚至是其中的一小部分，任何优秀的孩子无一不是家庭教育的结果，所以，把握这个重要时期的关键在于家长。根据科学的方法教育自己的孩子，帮助孩子更好地成长，是每个家长义不容辞的责任和义务。

从上述交流中，我们可以知道四年级很重要，所以，我们家校教育思想要一致，要相互配合，相互理解，要换位思考，共同努力，一起做好孩子的教育工作。下面有几件具体的事和大家一起交流。

二、新接班具体事宜

1. 按时上学，如有特殊情况不能准时到校，请打电话告知。

2. 排位原则：按身高排序，特殊情况特殊对待，中间与边上同学每两周自动调换。之后根据孩子们的性格及学习互补互促的情况再做调整。

3. 关于运动，如果孩子身体不允许参加运动，请给我发私信说明情况，我会向体育老师说明，让其课堂上加以关注。

鼓励孩子多运动，通过运动培养其吃苦耐劳的品质。

4. 家委会换届，成立编辑部，帮忙整理孩子成长的足迹。

愿意为孩子继续服务或者后面想为班级服务的家长，请给我发私信报名。期待与大家一同策划丰富多彩的活动，拓宽孩子的视野。

5. 家长交流的主题：规则意识的建立；严格是一种大爱；怎样看待老师的严格要求。

6. 请假制度：三天以内班主任可以准假，超过三天要找学校副校长请假。请假时，需要家长手写请假条，写明请假原因、请假时间、联系方式。如果长期因病请假，需有医院证明。

7. 愿景：小学毕业时，百花齐放，各有所长。

希望以后我们多沟通交流，齐心协力帮助孩子取得进步。

【家长心得体会】

和孩子一起成长

朱老师好，今天家长会给我最大的感受是——由您带这个班是孩子们的幸运，也是我们这些家长的幸运。您的讲话让我们了解到您有着丰富的教育教学经验，感受到您对孩子的爱与要求。

您的发言使我想起很久以前看过的关于"道"与"术"的一篇文章，"道"是方向和理论，"术"是方式方法。无论新老教师都懂教育理论，但通过什么样的方式方法实现这一理论才是难点，也是优秀的老教师多年实践检验出来的真经，是对家长和孩子最有效的指导与帮助。总而言之，孩子交给您我们放心，作为家长，我们一定全力配合老师，为了孩子的成长进步而努力。

孩子目前存在的问题：1. 学习态度很不端正，字迹潦草；2. 学习是给妈妈学，缺乏主动性；3. 计算马虎，速度慢；4. 拖延，磨蹭；5. 注意力不集中；6. 胆子小，不坚强；7. 接受知识比别人慢半拍，比如英语单词，别人学三遍，他得学五遍。

我和爸爸存在的问题：1. 教育理念不一致（比如我认为孩子必须写完作业才可以吃晚饭，但爸爸认为按时吃饭是健康的保证，什么都得为吃饭让步）；2. 爸爸几乎不参与辅导功课；3. 妈妈过于包办；4. 妈妈脾气暴躁，缺乏耐心，强势。

我在调整自己，如果您发现我们某方面做得不好，请及时指正，我会在您的带领下和孩子一起成长。

【教师总结】

家长会后，我建议家长写一写今天参加家长会的感受以及思考与启发，也可以写写自己在教育孩子以及家庭教育过程中的困惑。由于家长会上教师没有充足的时间与每个家长交流，这种方式可以让教师及时了解家长目前的思想状况以及家庭教育水平，从而有针对性地进行指导与交流。

上述这位家长很负责任，对孩子的成长极为关注，但她也是一位高度焦虑的家长，对孩子包办控制较多，致使孩子各方面能力低下。在与之相处交流的过程中，她主动面对家庭教育过程中的问题，努力克服矫正。

【案例三】

期中家长会

设计思路：

新学期开学两个月左右，教师对班级有了进一步的了解与认识，期中家长会是教师与家长交流教育教学工作的好时机。对于孩子在班级中一些好的做法给予肯定，邀请部分家长进行分享。对于孩子习惯以及家庭教育中出现的问题进行分析指导，并鼓励家长帮助孩子制订有效的干预措施，帮助孩子成长。

活动内容部分实录：

各位家长，下午好！随着时间的流逝，孩子们在渐渐地长大，一转眼，他们已经是四年级的学生了。大家都知道，四年级是学生在小学学习生活中的一个重要阶段，是学生终身学习的一个中转站，对学生的一生具有重要的意义。我们今天聚在一起，就孩子在校、在家的表现进行交流，以便及时制订有效的措施，促进他们进步。

从任教本班开始，我就主张孩子自主管理，约束自己的行为，调动内在的学习动力，达到在班级中健康积极发展的目的。

一、存在的问题

目前存在的问题，比如，课堂上总有孩子管不住自己，不仅不认真听讲，还影响别人；部分男同学自我约束能力较差，课下爱追逐打闹，安全问题令人担忧；部分孩子身上带钱，爱买零食，这样既易养成乱花钱的习惯，又损害孩子的健康；还有的孩子言行自由散漫，甚至违反校规校纪；等等。突出表现在以下几个方面。

1. 作业方面的问题多。

开学以来，我班家庭作业的完成情况一般，每天总有个别同学不能按质按量完成书面作业，有时甚至干脆不写（对老师说忘在家里了）。可能有家长朋友感到不理解：我天天都问他的呀，怎么还会没完成呢？所以，当您在检查作业的时候，不能简单地问"作业写好啦？"这时，有的孩子会回答："我写好了！"而实际上呢，他可能一个字也没有写。这样问是不能解决问题的。烦请各位家长对照着孩子记的作业查一遍。而对于老师布置的软性作业，家长一定要给予足够的重视。

有一部分同学因为惰性，怕辛苦，总想着玩，学习缺乏主动性，成绩很不稳定，更多的时候是成绩一路下滑。面对这一类的孩子，我常常为他们感到可惜。他们头脑聪明，但因为态度不端正和自己的懒惰，永远落在别人后面。目前仅从分数上看，他们的成绩还行，至少跟得上学习进度，未能引起家长的重视，但长久下去，就会在这个转折的关键期落下，学习越来越吃力。等到了五、六年级的时候，再来严格地要求他们，是不是有点儿晚了呢？他们的成绩还能突飞猛进吗？

部分孩子写字太潦草，没有恒心、耐心。这些同学在考试过程中，没有好好做题，做完了也不检查，有的书写还十分潦草，导致考试成绩直线下滑。所以，我们一定不要让孩子因为态度不端正而体验遗憾。引导孩子端正学习态度，就从认真完成每一天的家庭作业开始。

2. 学习主动性不够。

部分同学把学习当作任务来完成，而没把学习当成自己的兴趣、大事，因此处于被动应付的局面。

3. 自信心严重不足。

特别是部分学习有困难的同学，由于学习跟不上趟，对学习失去了兴趣，这需要教师加强正面引导，更需要我们家长耐心地鼓励与指导。

4. 好习惯尚未养成。

个别孩子考试成绩不太理想，实际上就是因为学习习惯不好。在校表现为：早晨到校后不能立即抓紧时间早读，上课听讲不专心，课后作业不按时完成，订正作业更是采用能拖则拖、能漏则漏的方式。在家表现为：周末不能科学安排学习时间，学习观念不强。对此，我们老师会进一步加强引导，希望家长能督促孩子在家合理安排学习时间，同时要及时检查，发现问题及时解决。

二、透过期中考试成绩分析问题

1. 上课听讲质量决定考试成绩。

有些学生缺乏学习动力，上课注意力不集中，做小动作，不善于思考，不会做笔记、做标注，课堂效率低。

2. 效率产生差距。

在学校，有些学生自觉性比较差，没有充分利用晨读、午读时间读书学习。放学之后，没有及时回家，在外游荡，很晚才进入学习状态。做完作业后没有复习、预习。周末、假期期间过于放松。

3. 作业质量值得重视。

有些学生作业马虎，错字多多。对于老师讲评过的练习没有及时订正，导致已做过的练习屡做屡错。考试时遇到难题不是去思考，而是乱猜或者空着不做。少数学生有抄作业的行为。

4. 家长要重视孩子的学习。

家长对孩子学习的重视程度与孩子的学习积极性有很大的关系，有些家长以忙为借口对孩子的学习不管不问。

三、提高家庭教育水平的建议及其他事宜

1. 强调学生从入校到放学的时间点、相关要求，学生请假和销假制度。

2. 有事情及时和教师沟通，教育孩子保护自己，进行防欺凌教育。

3. 请家长们多支持家委会工作，通力合作，开展班级活动。

4. 重点讲学生习惯养成（文明习惯、礼仪习惯、学习习惯、生活习惯、安全习惯……），加强家庭教育的科学性和有效性。

5. 为加强家校合作，形成教育合力，充分发挥家庭教育的力量，要求家长以"家庭教育"为大主题，撰写育子方面的文章，如读书感悟、教子良方、育子技巧、随笔、孩子健康成长指导等方面的内容，要求原创。

6. 布置作业的原则和要求。

7. 班级群的使用要求。

8. 期中考试后可以调整一次校内托管，有变动的家长请及时跟班主任说明。

9. 下发调查问卷和垃圾分类明细表，倡议大家和孩子一起学习，践行垃圾分类，养成好习惯。为了让我们的城市更美好，为了保护我们的环境，更是为了子孙后代的未来，倡议家长和孩子一起做，建议大家在做的时候、学的时候记录下美好的瞬间。

【家长心得体会一】

上周五家长会后，我又发现孩子身上的很多问题，有些是老毛病，有些是新问题。特别是当朱老师讲到有些家长对待孩子简单粗暴，会对孩子的自信心造成负面影响时，我在座位上强作镇静，内心却很惭愧。

我自认为对孩子的学习比较上心，但孩子的成绩一直忽高忽低，我对待孩子的态度也因其表现而时好时坏，这很不利于孩子的成长，其实根源是家长功利心太强了。因为孩子个体差异和性格原因，很多结果我们无法控制，静下心来，我们应该做的就是始终如一地关心和爱孩子，至于结果，不要看得太重。

具体落实在实际行动中：1. 数学。在数学学习中存在的最大问题是粗心，要先把这个毛病改掉。口算练习全对的时候很少，每页错两三道是正常情况。针对口算练习或数学作业完成情况，制订奖惩措施，慢慢让孩子细心起来。2. 语文。如果作业完成得早，争取每天复习一遍当天的字词，并读一遍课文，口头提问课后题和同步习题。3. 英语。英语学科我一直抓得比较紧，但孩子成绩仍是忽高忽低。措施：每天复习单词，并在词句表中把出过错的单词圈出来，每天巩固；每天读两遍或读一遍、背一遍课文，提升口语表达和听力水平。

无论是对孩子问题的分析，还是对家长的反馈指导，无不体现着优秀教师的能力和职业素养。很庆幸遇到朱老师，希望朱老师能一直带孩子到小学毕业。

【家长心得体会二】

开学两个月以来，教师与家长之间的沟通交流越来越多，有时采用语音留言的方式，有时采用文字交流的方式。教师利用班级群即时分享学生在学校的学习生活、实践活动，也借此介绍自己的育人观念，让家长了解教师为什么要这样做，理解教师为孩子所付出的努力，从而配合教师形成合力，做好孩子的教育工作，使家校沟通愈加顺畅有效。

【案例四】

做智慧父母，育优秀儿女
——爱我你就陪陪我

设计思路：

在和孩子相处交流的过程中，好多孩子提到，晚上或休息日，爸爸妈妈因工作忙或外出不在家；如果在家，除了督促学习，就是玩手机。《2014国民家庭亲子关系报告》数据显示，17.8%的父母与孩子共处时看手机，51.8%的父母偶尔看手机。两者加起来有近7成父母在陪孩子时会看手机。对执教班级的孩子，我也做了一个调查。全班41人，23人的家长经常玩手机。孩子们观察得很仔细，父母会使用手机聊天、看电影、玩游戏、打牌、看球、下象棋等。经常陪着孩子读书的有23人；经常陪孩子运动的有25人；经常陪孩子学习的有36人；经常陪孩子参加活动，注重与孩子沟通交流的有35人。鉴于这种情况，教师设计了这项活动。

活动内容部分实录：

各位家长，下午好！为了孩子，今天我们聚到一起，很高兴见到大家。今天的家长会安排了两项内容：一是陪伴教育专题活动"爱我你就陪陪我"，二是就现阶段孩子们在学习、纪律等方面的表现做出反馈。

今天，孩子们和爸爸妈妈一起参加会议，教室虽然拥挤，但感觉很温馨。

陪伴教育专题活动从亲子共读、亲子活动、注重沟通三个方面进行。

（一）亲子共读

围绕您在家怎样引导孩子读书，怎样培养孩子读书习惯，怎样为孩子选书，谈谈自己的做法。通过交流分享好方法，互相借鉴学习。

总结并反馈目前班级的读书情况：饭后，天气不好不适合户外运动时，大部分孩子会主动捧起书，但也有个别孩子静不下来。在这里，提出要求，每天至少读书半小时。

（二）亲子运动

下面，哪位家长说一说平时在家怎样陪孩子运动，有哪些运动项目，运动时遇到过哪些困难或问题，您是怎样引导孩子克服困难的。

总结并反馈：运动可以锻炼孩子身体，磨炼意志，培养不怕苦不怕累、做事有毅力的品质。目前，多数孩子逐步养成了运动习惯，有个别孩子需进一步提高运动意识。如，一年级学生应该学会跳绳，但有的还不会，这是孩子能力的一个缺失。二年级学生还需要继续学习其他运动项目。如，投沙包锻炼孩子的臂力和瞄准能力，穿越呼啦圈培养孩子的灵活性、协调性。现在我们做的都是基础训练，孩子之间的差距之所以越来越大，我想是因为家长对平时基础训练的重视程度不同。所以，希望我们能够重视与孩子有关的每一件事，孩子无小事，处处是大事。

（三）参加活动，注重沟通

下面，请大家谈谈在带孩子外出活动时，曾经遇到什么困难，怎样解决的，在活动过程中曾经出现什么问题，你们是怎样解决的，你们是如何选择活动内容的，出发点是什么。

总结并反馈：注重品质培养，不做无意义的事情。

活动总结：

今天我们坐在这儿都是为了孩子，真诚希望老师、家长、孩子团结一致，密切联系沟通，尤其希望家长能在孩子最需要陪伴时有效陪伴。下面，请孩子们走到自己父母的身边，和爸爸妈妈一起进行心与心的交流。

【家长心得体会一】
陪伴是最好的礼物

今天我参加了实验小学一年级二班的家长会，家长会在全班同学《爱我你就陪陪我》的歌曲表演中开场。看到孩子们真情的表演，我深切感受到朱老师说的"对孩子陪伴是最好的教育"一句话的内涵。回到家，我问孩子喜欢班主任吗，孩子回答："喜欢。老师严厉起来很严格，但很关心我们，像妈妈一样。"听到这些，我感觉孩子对老师很认可，很信赖。

听到朱老师做的调查结果，全班有23位家长经常看手机。我很惭愧，因为我就是那23位家长中的一员。因为工作的关系，我晚上回家不得不看手机，但孩子都很注意家长的一言一行，所以，从今往后我要避免在孩子面前看手机，让孩子看到我在改变。说到阅读，我和孩子妈妈经常给孩子买书，现在他自己的书大约有400多本，我们也经常讲给他听。但通过与其他家长的阅读经验交流，我感觉还有很多需要学习借鉴的地方。比如选择图书、与孩子互动，都是需要改进的方面。运动方面，只要晚上有时间，我就和孩子一块跳绳或跑步，孩子每天跳绳400个，跑步1000～1600米，节假日经常去打篮球、踢足球。孩子从刚入学1分钟只能跳16个到最后跳绳比赛拿到第一名，说明只要努力就能有收获。学习也是这样，拿出跳绳的态度去学习也会有收获，态度决定一切。期中考试虽然各科都得了A，但孩子在学习上有懒惰粗心的问题，我和孩子妈妈决定在下半学期帮助他端正学习态度，在学习上逐步提高。希望老师多给他表现自我的机会，让他多参与班级的其他活动。在外面的时候，孩子表现得很内向，这也与我们家长有关，不过我相信他能做得更好，能为一年级二班这个大家庭争取更多的荣誉。

作为家长，通过这次家长会，我们将做以下三点：

1. 给孩子营造良好的读书氛围。不仅给孩子读书，家长也要和孩子进行互动。比如扮演书中的角色，或者读完后让孩子说说自己的感悟，要让孩子发自内心地喜欢读书。

2. 加强体育锻炼。一天看不出什么，一周变化不大，一个月也变化很小，一年之后变化肯定会很明显。坚持几年甚至十几年，孩子将来会很感谢我们帮他养成了一个好习惯。我会和孩子一起做下去的。

3. 多和老师沟通，让孩子成为家长和老师的纽带，让孩子变得更优秀、更上进，成为一个身心健康、全面发展的小学生。

最后希望通过我们和老师的共同努力，孩子在一年级二班这个大家庭里茁壮成长！

【家长心得体会二】

做智慧父母，育优秀儿女

今天参加了女儿的家长会，一个下午的时间，内容很丰富，我也收获颇丰，现将感受总结如下：

一、创新家长会的形式，更好地满足家长和孩子的需要

今天的家长会以"陪伴是最好的教育"为主题，倡导我们做智慧父母，育优秀儿女。和以往家长会不同，本次家长会有三个方面的创新：一是拉开家长会序幕的是全体孩子齐唱《爱我你就陪陪我》，孩子们一边唱一边表演，唱出了孩子们的心声，也唱出了家长们努力的方向。二是在家长会上，家长们围绕着与孩子成长密切相关的主题——读书、运动、活动进行了积极的交流分享。

现在的家庭都非常重视孩子的教育问题，每一家都有一本自己的育儿经，通过家长的交流沟通，我们可以更好地了解自己的问题与不足，从而在分享中完善自己教育孩子、培养孩子的方式方法。三是孩子和家长一起参加家长会，让所有家长有机会通过一下午的时间来感受孩子在学校的情况，比如听讲、发言等。通过三个方面的创新，本次家长会使家校之间、家长与孩子之间有了更好的沟通。

二、反思自我，为孩子的成长与发展负责

通过今天的家长会，我充分感受到自己在陪伴孩子运动和外出活动方面还存在很多问题。比如，很懒惰，不愿意陪孩子锻炼身体；很少安排集体性外出活动，没有从教育价值出发有目的地参加各种活动；平时对孩子指责多，表扬少，尤其是在做作业方面，大吼大叫，没有耐心等。在以后的日子里，我将秉持"有耐心的妈妈才能教育出好孩子"的理念，从孩子的内心需求出发，用陪伴、用爱心去温暖她幼小的心灵。我相信，功夫不负有心人，在学校、老师、家长的共同努力下，我们的孩子将健康快乐地成长！

【家长心得体会三】

家长会心得

从上周五接到要开家长会的通知，直到今天，我只要有空，便会回想孩子这近一年来的点点滴滴，着实思考了很多。每个孩子都是一个独立的个体，都有自己的特点，"因材施教"尤为重要。

今天会议的主题是"做智慧父母，育优秀儿女"。以《爱我你就陪陪我》的集体演唱作为开场，接下来是亲子阅读、亲子运动、户外活动、老师总结等几个板块。

在亲子阅读和亲子运动这两个讨论环节，几位家长的发言非常精彩，总结得非常精辟。我从中学习到很多，下面是我的几点体会：

一是让孩子爱上读书。还是那句话，每个孩子都有自己的特点，根据其自身的特点选择合适的书，培养良好的读书习惯尤为重要。借用老师的话，我家孩子性格有点像男孩，太活泼好动。在她小时候，我们给她读书，但是很多时候三分钟不到，她就坐不住了。后来慢慢大了，对于自己喜欢的书，她能坚持看一定的时间。虽然现在一年级了，但是她的自律性仍旧不够，必须靠大人的督促才会完成读书作业。接下来，我要根据她的兴趣爱好去选择书籍，让她愿意读书，真正地爱上读书。

二是家长的陪伴很重要。从去年4月开始，女儿当了姐姐，多了一个分享父母爱的小妹妹。我切身体会到，人的精力真的有限，我真的想多一点时间去陪她，但是很多时候身不由己。这一年当中无论是学习还是练琴，她经常"搞突击"，没有做到天天坚持，对于这一点，我常常自责。今天参加家长会时，我忽然意识到，其实我可以做得更好，只是当时没有去做，我给自己找了不做的理由。今天我给自己布置一个每天必须完成的作业，无论多忙每天必须坚持亲子阅读，必须从自身做起，爱她就要抽时间陪她。

三是和谐的家庭氛围很重要。父母关系和谐，孩子才是最幸福的。孩子不仅需要父母的陪伴，更多的是希望感受到父母之间的爱以及相互扶持。这一点我和孩子爸爸做得不够好，从今天起我们要为孩子树立良好的榜样。家长会后，孩子很明确地告诉我，朱老师做玩手机的调查时，她举手了，因为爸爸经常在陪她的时候玩手机。我有点庆幸她没有说我，因为我在陪她的时候确实没有这样做，但是我也很惭愧没有及时纠正她爸爸的行为，使他在女儿心中留下了这样的印象。关于孩子生活及学习等方面，父母要做到经常沟通讨论，这点我们做得不好，必须马上改正。借用朱老师的话"陪伴是最好的教育"，在最需要陪伴的时候，给予孩子最有效的陪伴。

四是养成良好的习惯。在这一年的时间里，我很感谢朱老师，她发现孩子有不好的习惯时，及时与我沟通，想办法让孩子去改正，引导她、督促她。这个学期无论纪律还是体育，孩子都有了很大的进步。我们需要继续努力。

【教师总结】

通过今天的活动，家长们能换位思考，站在孩子的角度理解孩子，认识到在孩子成长过程中父母有效陪伴的重要性，增强了对孩子的陪伴意识，在一定程度上掌握了陪伴孩子读书、运动、沟通交流的方法。希望通过这次家长会，我们班的亲子关系能越来越和谐亲密。

【案例五】

父母应把握好指导孩子学习的"度"

设计思路：

日前，朋友圈里经常看到陪娃学习的家长因过于激动而突发脑梗、半夜传出惊心动魄的吵闹声的文章。文章背后透出家长辅导孩子学习的苦恼与压力，引起了广泛的共鸣。毋庸置疑，如今辅导孩子学习已成为困扰家长的社会问题。

为深入探究小学阶段的家教环境，指导家长把握参与孩子学习的"度"，笔者和同事对学校6个年级16个班的663名学生家长进行问卷调查，就此问题研究分析，结合教学实践提出了一些对策及建议。

1. 关于学习习惯

在帮孩子养成良好习惯主要靠谁的问题上，认为"主要靠父母（家庭教育）"的占64.1%，认为"主要靠孩子自己"的占26.8%，认为"靠学校和老师"的占9.1%。

在孩子养成良好学习习惯的过程中，认为"主要靠引导孩子认识习惯的重要性"的占73.8%，认为"主要靠家长的榜样示范"的占18.9%，认为"主要靠家长督促指导"的占7.3%。

在指导孩子学习的过程中，觉得"教育不得法"的占39.8%，感到"精力有限"的占43.6%，认为"自己学历低"的占8.3%，"家庭成员意见不一致"的占8.3%。

2. 关于学习成绩与家庭作业

对孩子学习成绩"比较满意"和"不太满意"的比例均较高，分别为37.6%、53.5%。

认为孩子"能自觉完成作业但质量不高"的占46.8%，认为孩子"不自觉，需要家长督促"的达14.8%，"能自觉完成作业且质量较高"的仅占38.2%，另外还有0.2%的孩子"经常写不完作业"。

在指导孩子学习过程中，只"口头询问"和"送托管班"的达15%。

3. 关于陪孩子写作业

40.4%的家长认为"需要在一、二年级陪伴"，16.4%的家长认为"孩子学习不需要陪伴"，37.4%家长认为应"视孩子的具体情况而定"，还有5.8%的家长认为"需要一直陪伴"。

4. 关于家校沟通和亲子沟通

"与老师主动联系"的家长仅占32.1%，"当孩子出现问题时才偶尔联系"的家长达64.9%。

与孩子"经常沟通"的家长占90.3%，"偶尔沟通"的家长占 9.5%，"不沟通"的家长占 0.2%。

从以上调查数据来看，有些问题是家长认知不正确导致的。比如，关于学习习惯的养成，26.8% 的家长认为靠孩子自己，9.1% 的家长认为靠学校及老师，只有 64.1% 的家长清楚习惯的养成主要靠家庭教育。

在孩子写作业是否需要陪伴的问题上，5.8% 的家长认为需要一直陪伴，16.4% 的家长认为不需要陪伴。这是两个极端。陪与不陪、陪到何时，都应根据孩子的年龄特点和实际情况而定。有些孩子天生自制力强、做事专注，不需要父母一直在旁陪伴；而一年级的孩子认字少，有的连题目都读不懂，没有父母的陪伴和帮助很难完成作业。

在良好学习习惯的养成上，7.3% 的家长认为主要靠督促指导，还有 73.8% 的家长认为主要通过引导孩子认识习惯的重要性。其实，好习惯的养成主要靠家长的榜样示范以及温和而坚定的指导与支持，而不是靠单纯的说教。可惜仅 18.9% 的家长有这样的认知。

在与教师的沟通上，有 64.9% 的家长认为只有在孩子出现问题时才需要跟老师联系。家校之间的沟通应更密切，教师和家长之间及时有效的沟通对孩子的引领和帮助事半功倍。

有些问题家长不是不知道，而是做不到。比如，在孩子写作业是否需要陪伴的问题上，40.4% 的家长认为，一、二年级需要陪伴，养成习惯后就不需要了，但实际上并没有做到在孩子最需要陪的时候及时陪伴。在学习习惯的养成方面，64.1% 的家长清楚习惯的养成主要靠父母（家庭教育），却做不到持之以恒。知易行难，行动才是最重要的。

部分家长对孩子的教育不够重视且教育不得法。43.6% 的家长认为自己工作忙、精力有限。其实，工作忙与精力有限只是借口而已。39.8%的家长认为自己教育不得法，这也说明在教育孩子的问题上，家长需要科学的指导方法。

针对以上问题，我们有几点建议。

首先，家长要建立正确的认知，把握好概念认知的"度"。

家长要厘清"指导孩子学习""辅导孩子写作业"是两个不同的概念。如果把指导孩子学习仅仅理解为辅导孩子写作业，是非常片面的。指导孩子学习的内容应该是宽泛的，包括关注孩子对学习的责任心、好奇心、求知欲，学习的态度、习惯、方法、品质的培养等。

其次，家长要以身作则、持之以恒，做到温和而坚定，把握好言传与身教的"度"。

家庭教育的核心是通过习惯的培养完善孩子健康的人格。而习惯的培养主要靠父母的榜样示范作用，身教重于言传。

培养孩子的好习惯家长应做好以下六步：第一步，激发动机，引导孩子对养成某个习惯产生兴趣；第二步，明确规范，让孩子对养成某个良好习惯的具体标准十分清楚；第三步，榜样示范，父母能坚持，孩子才能坚持；第四步，持久训练，让孩子由被动到主动再到自动；第五步，及时评估，让孩子在成功的体验中养成良好的行为习惯；第六步，营造氛围，让家庭生活和学校环境乃至社会风气成为学生养成良好习惯的支持力量。

第三，家长要尊重、信任孩子，主动与教师沟通，建立良好的家校关系和亲子关系，把握好沟通的"度"。

关系先于教育，关系大于教育。良好的师生关系和亲子关系是教育孩子的前提。而彼此信任的家校关系能促进师生关系的发展，亲其师才能信其道。家长只有信任和尊重孩子，让孩子切实感受到来自父母的爱才能建立起良好的亲子关系。家长要和孩子厘清各自的责任，要让孩子意识到学习是自己的事情，家长只起辅助作用。要给予孩子一定的自主空间，引导孩子自我管理、自主学习。家长要学会适时放手。如果家长操心、介入太多，孩子就会依赖家长，丧失自主学习的内在动力。

第四，家长要管理好情绪，把孩子当成孩子，把握好情绪调控的"度"。

家长辅导孩子学习时情绪失控的实例比比皆是。孩子出现问题时父母要做到态度温和、不急躁。把孩子当成孩子，孩子是成长中的人，就是在不断地犯错和改错中成长起来的。看到孩子的努力和进步，要及时给予肯定和鼓励。当孩子在学习中遇到困难和问题时，要给予孩子及时、有力的支持与帮助。要有一种牵着蜗牛去散步、静待花开的心境陪伴孩子长大。

第五，家长要从习惯养成入手，做到刚柔并济，把握好年龄段的"松紧度"。

比如，在学习习惯和整理收纳习惯的培养方面，从低年级开始要由紧到松；而在学习态度和学习能力两个方面，从低年级开始要由松到紧；而在写字认真、做事专注和正确对待自己的错误和取得的成绩三个方面，要求要始终保持不变。

总之，孩子的成长需要学校、家庭、社会三者紧密配合，而做好家庭教育指导、提高家长教育水平迫在眉睫。期待有关部门能够正视家庭教育的重要性并采取有效措施。

【教师总结】

家长会是教师向家长宣传自己的教育理念，家长全面了解教师的直接途径。家长会内容设计的依据是班级学生的共性问题、家长的教育理念、家庭的教育水平。组织开好家长会是家校教育过程中的重要环节，是教师同家长沟通，凝聚教育合力的主要方式之一。学校通过家长会，向家长汇报学校教育教学的工作情况及今后工作计划，并向家长提出教育的具体要求，听取家长的意见，共同研究改进工作，从而协调学校教育与家庭教育的关系；家长通过家长会，不仅能了解到自己孩子的学习成绩、思想表现，还能了解孩子所在班级其他学生的成绩与表现等，从而能更客观地了解自己孩子发展水平在集体中的位置。这是对学生施以教育不可缺少的信息。因此，组织好家长会不容忽视。

另外，了解家长会给家长带来的收获也是一项重要工作。通过了解学生的家庭教育情况，教师可以及时调整教育策略，做出切实可行的指导。

【案例六】
安全护航，好习惯铸就好品质

设计思路：

新学期开学两个月左右，教师对新接班级或者班级的新学期有了进一步了解与认识，期中家长会是教师与家长进行交流的好时机。对于班级中以及孩子家庭教育中一些好的做法给予肯定，并组织优秀家长进行分享；对于孩子习惯以及家庭教育中出现的问题进行分析指导，并鼓励家长帮助孩子制订有效的干预措施，帮助孩子成长。

活动内容部分实录：

各位家长，下午好！我是班主任朱老师。首先感谢大家能在百忙之中按时参加今天的家长会。通过两个半月以来与孩子、家长的接触，我们对彼此有了初步的了解。我们班孩子比较活跃、好动、热情，但规则意识较弱。这是后边我们需要提高的方面。

正是因这样一群孩子，我们有缘相识并走到了一起。作为班主任，我将用我的责任心、母亲般的爱心，细心呵护每一个孩子。我也会用智慧和知识，教孩子学做人、学做事、学与人交往。同时，我也希望得到各位家长的支持与帮助，力争让孩子在家、在学校这两个生活和学习的主要环境里和谐、快乐、充实地成长。

本次家长会的主题是：安全护航，好习惯铸就好品质。

小学六年，每一年对孩子来说都很重要。一、二年级是塑造孩子的关键期，三年级是激活孩子的关键期，四年级是培养孩子的关键期，五、六年级是成就孩子的关键期。

一、五年级孩子的特点以及应对方法

1. 孩子情感、情绪的突发期

应对方法一：找准孩子情绪变化的原因。

应对方法二：允许孩子适度表达自己的情绪。

应对方法三：培养孩子控制情绪的能力。

2. 孩子厌学情绪的高发期

应对方法一：让孩子知道，学习是自己的事情。

应对方法二：告诉孩子，要为理想而学习，要有目标。

3. 孩子学习成绩定型的关键期

应对方法一：经常给孩子积极的暗示。

应对方法二：把学习变成一种乐趣。

应对方法三：父母要谨慎对待陪读。

4. 孩子习惯的定型期

应对方法一：培养好习惯用加法，克服坏习惯用减法。

应对方法二：纠正孩子的坏习惯需要家长的权威和毅力。

5. 孩子道德情感发展的重要转折期

应对方法一：克服光环效应。

应对方法二：杜绝打骂，给孩子更多的尊重和理解。

应对方法三：在孩子的行为问题上下功夫。

二、主题队会：我要做（　　　）的人

分值（分）	勤奋（人数）	有耐心（人数）
1	3	
2	1	1
3	4	1
4	2	2
5	4	3
6	7	3
7	10	6
8	13	26
9		2
10		

以上是我针对班级学生特点，鼓励学生在自己是否勤奋与有耐心两方面做出的真实评分。满分10分，参加人数共计44人。从上表可以看出：在勤奋与有耐心方面自评7、8分者居多，勤奋程度5分以下有10人，有耐心程度5分以下有4人。

这说明目前孩子的勤奋程度是远远不够的。这一点，请家长回去和孩子进一步交流，了解自己孩子的情况。也请家长思考：如果希望孩子成为勤奋、有耐心的人，我们应该怎样做？

三、反馈班级孩子出现的问题并提出建议等

1. 出现的问题：规则意识较弱。

表现为：有迟到现象；早上来了看闲书；课堂上，插话，做小动作，不会倾听老师、同学发言，需老师多次提醒，课堂效率较低；课间，课前准备不到位，打架骂人，上课铃响后也不及时回座位，安静不下来；课间活动不积极，态度不端正；中午就餐时随意说话，不讲卫生；不参加中午活动，集体活动懒懒散散；放学值日，有的孩子根本不会扫地，不会拖地。关于这一点，请大家务必重视，培养孩子劳动习惯至关重要。

家庭有家规，学校有校规，那么班级也有班规。在集体中生活，必须有集体意识，服从集体管理与约束。因为在这个环境中，不是只有你一个人，要为自己和他人负责。另外，出现问题时，我们要主动引导孩子多从自身找原因。这一点，我觉得我们班有一部分家长做得非常好。但是有些孩子出现问题时，张口就说别人的不足，不能从自身寻找出现问题的原因，这样怎么会成长提高呢？

2. 建议：给出如何指导孩子读书、选书的建议。

3. 交流：家长希望孩子成为什么样的人？

（家长交流互动）

前不久读过一篇文章《你希望孩子成为什么样的人，你就做什么样的人》，细读几遍，这不就是说榜样的作用吗？

比如，我们希望孩子成为有礼貌的人，我们自己首先要做有礼貌的人。举个例子，"你帮我做这件事吧！" "子佳妈妈，请你帮我做这件事吧！" 请大家结合这两句话，谈一谈自己的感受。（家长交流，一致认为第二种说法更有礼貌。）所以，在教育孩子、与人交流、打电话或发信息时，要加上称呼，使用礼貌用语。早上进教室时，部分孩子见到老师会主动打招呼，非常有礼貌。

再比如，我们希望孩子成为懂得感恩的人，我们自己首先要懂得感恩。前不久，童乐妈妈帮我填电子表格，浩然妈妈帮我督促大家安全平台学习情况，熠佳妈妈帮我统计表格，胤喆妈妈帮我提醒大家注意事宜，等等。正是大家的帮忙分担，让我有更多的精力用到班级孩子们的身上。因为每个人的精力是有限的，所以我非常感谢大家的辛苦付出。我想，每位家长也应该感谢一直默默辛苦付出的家委会成员，还有历次活动的家长志愿者。

4. 讲解：

①严格是一种大爱，结合课件讲解。

②如何培养运动习惯。

③如何与同伴友好相处。

不伤害别人是一种教养，不被别人伤害是一种气场。随着年龄增长，孩子的自我意识会逐步增强，我们要引导孩子不骂人、不打人，不凭自己个高欺负弱小，不在背后议论人、说人坏话。

四、学习习惯

1. 朗读要出声。

2. 主动学习。

3. 保证作业质量。

4. 静下心来读书、做事。

五、卫生习惯

六、数学学习反馈，卷面分析

七、安全问题

1. 注意交通安全。

2. 注意饮食安全。

3. 注意人身安全。

教育孩子不管发生什么，都不能做出伤害自己的事情。在一些突发事件面前，首先要学会保护好自己，才能做力所能及的事情。希望大家高度重视安全教育平台学习，督促孩子及时学习，以提高自己的安全技能。

八、结束语

关注陪伴教育，提高陪伴质量。希望我们共同努力！

【家长心得体会一】
"安全护航，好习惯铸就好品质"家长会有感

时间过得真快，转眼孩子已经是小学五年级的学生了。上周五参加了"安全护航，好习惯铸就好品质"主题家长会，我很震撼，很感动。相信开场时李老师声情并茂的话语"孩子还能陪我们多久"触动了每位家长的心灵。同行的时间短暂而宝贵，一路走来感谢每一位老师对孩子们的付出、关心和爱护，也更深刻地体会到家庭教育在孩子成长、学习过程中的重要性。只有老师和家长共同努力，才能更好地教育孩子，才能进一步提高孩子的学习成绩，使孩子更健康地成长。

这次家长会让我感觉到了自己的孩子跟别人的差距。通过这次互动，我也明白了需要改进的地方。

首先，学习方面应该继续加强学习习惯的养成，使孩子提高自控能力。习惯是人们在社会生活中逐步形成的、一贯的、稳定的行为方式，是通过外在的行动而表现出的内在的比较稳固、自动化的思想和意识。小学阶段是学习习惯养成的关键时期，如朱老师所说，学习习惯的养成应该在中低年级完成，但就现状来看很多孩子都多少存在些问题，浩然也不例外。比如，学习专注力不够，学习主动性有待提高，利用错题本的习惯需要养成，等等。小学高年级的孩子由于处在性格形成的关键期，在很多事情上经常跟家长对着干，这对于习惯的养成就更有影响了。定能生静，静能生慧。在竞争激烈的社会中，家长对孩子有着太多的期盼，为孩子报了各种培训班，孩子们一个个都身心疲惫，但仍然达不

到家长的要求，于是，家长动辄发怒斥责。长此以往，我们的孩子怎么能够静下来呢？更何况现在的孩子都很有主见，所以，家长更需要有足够的耐心，慢慢引导。

其次，关注孩子的身心健康。孩子逐渐向青春期过渡，很多孩子都觉得自己长大了，开始出现逆反心理。浩然也不例外。熟悉他的人都说他是小暖男，很细心。但他也很敏感，心事重，这就需要我们细心观察，经常跟他聊聊，了解他的想法。正像老师说的，孩子在不开心的时候要给他一个出口，孩子也需要发泄，需要安慰，疗伤之后的孩子会更加阳光快乐。除了关注孩子的心理发展，也要重视孩子的身体健康。锻炼身体和好好学习是相辅相成的，不是背道而驰的，好的体能对孩子的学习会起到很大的促进作用。浩然目前每周基本能保证半天的羽毛球训练，寒暑假会有更多的训练时间，这个好习惯一定要帮孩子坚持下去。

闲暇时我会想，我们想让孩子们成为什么样的人，养成什么样的习惯，我们自己做到了吗？身教胜于言教，我们在教育孩子的同时也不能忘记自身的修炼。学习是一辈子的事，家庭教育也是。老师们通过家长会引导家长更好地掌握教育方法，一起帮助孩子学习成长，真心感谢老师们的良苦用心，相信孩子们在家校共同的呵护下会越来越好！

【家长心得体会二】

接纳与放手

周五傍晚六点，天已黑，家长们陆续走出了五年级四班的教室。下午恰巧降温，初冬的风有些凛冽，我的心里却充满温暖与感动。从三点到六点，朱老师及李老师整整站了三个小时，一口水都没有喝，片刻不停地跟大家交流孩子们这两个半月以来的日常学习生活。

朱老师写了厚厚一叠的备忘事项，怕时间不够加快语速和大家认真讲着每件事情。正如她所说，想和家长沟通的事情一件不落地讲完了，今天的家长会她才能放心结束。有对待工作如此认真，对待孩子如此细心的班主任，我们家长怎么能不感到暖心呢？

两位老师跟家长们分享了五年级各科的学习方法，分析了期中考试试卷，着重给大家讲解五年级学生的心理成长特点及规律，阐述了家庭教育在孩子成长关键期的重要性。其间，两位老师都强调了父母对孩子正面教育的重要性，要用平和的心态去看待孩子，杜绝过分保护，用正确的方法爱孩子。回想起孩子成长的过程中，因为自己做法的不成熟走了许多弯路，加重了孩子性格及习惯上的缺陷，我深感自责。

因为自己的孩子各方面能力都比较弱，我常常处于一种焦虑的状态：每天因为孩子和同龄人的差距而忧虑，为孩子在学校不能遵守规则而担忧，每天回家后疲于给她补习功课、陪她写作业，恨不得每一分钟都陪在她旁边，指挥她干这干那。生活中也是对孩子过度关心，照顾得无微不至，事事包办。因为焦虑会导致情绪不好，我常常批评孩子，有时候因为一道非常简单的数学题反复讲了几遍她还是不会，有时候因为一段英语课文重复数遍她还是背不下来，最后按捺不住心中的怒气，朝孩子发火。孩子很委屈，事后我也非常后悔，但下次又会出现同样的情况，周而复始，孩子的学习进入恶性循环。

随着进入中年级、高年级，孩子的缺陷更加明显，我开始反思自己。长期以来，孩子的能量都消耗在处理由于家长埋怨、催促所引起的负面情绪上，对学习感到厌倦和恐惧，阻碍了责任感和主动性的发展，其后果比孩子最初的毛病严重得多。她再不完美也是我的孩子，回想孩子刚出生时，我最初的愿望不就是希望

第三章 / 教师与家长的沟通形式之一——家长会

她健康而快乐地生活吗？在和孩子的相处过程中，我一直没能把握好和孩子的界限感，一直打着"为孩子好"的名义控制、要求孩子，这不能不说是对孩子自由创造力和生命活力的削减。反思之后，我开始调整自己的心态，降低对孩子的期望值，控制自己的情绪，学着接纳孩子。接纳不完美的孩子，减少对孩子的控制，放手给孩子独立空间，允许孩子自由探索。虽然改变很艰难，也很痛苦，但我一定要坚持下去。

接纳了孩子的不完美后，我开始心平气和地和她一起努力，既然起点低，那我们就从最基本的开始。每天早上在家读二十分钟英语课文，晚上睡觉前再听上一刻钟，平时多读英文绘本，看她感兴趣的英文电影；把数学和生活结合在一起，举一反三，多思考，多练习；虽然孩子有严重的阅读障碍，但每天坚持读、坚持听，即使现在不理解其中的一些内容，相信随着长期的累积终究会有收获。承认孩子的不完美，无条件接纳孩子。只要坚持，同昨天相比、同自己相比，终将一天比一天有进步。

弗洛姆曾经说："教育的对立面是操纵，它出于对孩子之潜能的生长缺乏信心，认为只有成年人去指导孩子该做哪些事，不该做哪些事，孩子才会获得正常的发展。然而这样的操纵是错误的。"我开始慢慢给孩子独立的空间，不再无时无刻盯着她，不再事事替她包办，让她做生活中一些力所能及的事情。慢慢地，之前我觉得她解不出的题目她也能尝试着自己写出答案，没有我的反复唠叨她也能收拾好书包按时洗漱，她能自己削好水果、刷好鞋子，并且一次比一次有进步……放手是给孩子独立空间，允许孩子自由探索，孩子做的事情是正当合理的，父母虽然不参与，却在关注；而放任则是不管孩子做的事情是不是守规矩，父母都不干预，放任自流。放手却不放任，对孩子品质、习惯养成坚持既定原则，在孩子需要时适度帮助，遵循孩子成长的自然规律，才能做到"无为而治"。短期内，孩子在家长不停地督促、监督下的表现也许比放手后的表现好，但孩子在家长监督下的表现来自于外界的控制，而不是来自于内在的力量。从长期来看，来自内在的力量会更强大更持久，孩子慢慢变得比以前独立、自信了，自理能力增强了，和我们家长的交流也变多了。

每次开家长会，不仅仅要了解孩子的日常学习、生活，更多的是要倾听老师们作为专家和过来人的教育经验分享。孩子其实是父母的镜子，两位老师都提到了孩子在学校的表现反映了日常所受的家庭教育，想让孩子成为什么样的人，家长首先应该做好表率，言传身教。家长会后的晚上，回想起日常和孩子的相处，我感觉自己距离成为一名合格的家长还差得很远，还有许多方面需要改正和调整。希望自己日后不断总结及修正，坚定目标并不懈努力，像孩子一样继续成长，接纳孩子，也感谢孩子接纳不完美的自己。

【案例七】

后方保障有力，家校合力共育
——崂山区实验小学四（4）班线上家长会

2020年春节伊始，一场突如其来的新冠病毒与我们不期而遇，意外突然降临，各种防控举措升级。疫情暴发至今，我们经历了一系列不寻常的事情，为了最终的胜利，每个人都在为抗疫而努力。对于学生而言，学习是使命，是成长的阶梯。停课不停学，利用好网络平台，如何在家里养成良好的生活习惯、完成学习任务成为当下家长和师生共同关注的焦点。

面对当前的严峻挑战，针对四年级学生的年龄特点，结合前期空中课堂学习情况以及发现的问题,班主任朱晓芬老师以学生如何养成居家好习惯为切入点,从居家学习、居家健康、利用闲暇时间充电三个方面为主题,同全班学生和家长一起,完成了一次形式新颖的网络主题家长会。

印象中,知识只能在书本上看,学生上课只能在教室里进行。现在,我们把课堂搬到了线上,老师通过网络授课。疫情可以把我们隔离在家中,却不能阻断知识的传播,更阻挡不了好学进步学子的脚步。朱老师在班会的开始就特别表扬了疫情以来为班级工作默默奉献的家长们,因为家长们为孩子提供了一个好的学习环境,为师生能够线上相聚、高效完成每天的学习任务创造了有利的条件。

接下来,语文老师孙雪桐对同学们说的一句话——"我想你们了"一下把校园里的那份师生情谊拉了回来。病毒可以拉大人与人之间的距离,却不能阻隔老师对学生的牵挂,也不能阻止老师教书育人的职业素养和对学生那份无私的爱。孙老师同大家交流了线上学习和课后作业完成的情况,并对各类作业完成提出了具体的要求,从解题思路、解题方法、作业提交时间等方面做了详细的说明。重点强调了居家上课期间要恢复晨读,确定了晨读时间、内容和督导方式。对学生应掌握的知识,孙老师会通过听写、线上答疑、推送小视频等方式帮助学生掌握,也要求家长担负起培育的责任,给予孩子积极的关注和帮助,与老师携手共同为孩子营造一个良好的学习氛围和成长环境。

接下来,朱老师根据本次家长会的主题从三个方面同全班学生和家长进行了深入的交流。

一、居家学习

"凡事预则立,不预则废。"计划的安排和落实情况直接影响到学生的学习进度和效率,为有效地完成线上学习,每位学生都要认真制订学习计划表。朱老师强调，家长一定要引导孩子学会管理时间，从今天开始把假期模式调整为正常的上学模式，按时起床、吃饭，做好课前准备，上课认真听讲，课间休息认真做广播体操，及时认真完成作业，晚上早睡觉。制订一个合理的作息时间表，提高每天的学习效率。同时要求同学们提高空中课堂的学习效率，积极参与课堂和课后学习，认真完成作业，课后不给自己留任何问题。朱老师更希望家长在这个特殊的时期同孩子一起规划好、安排好每一天的作息时间，以身作则，高质量地陪伴孩子学习成长。

蔡元培先生说过："家庭是孩子的第一所学校。"父母是孩子的第一任老师，重视家庭教育是所有父母义不容辞的责任。如今，家长是守护陪伴孩子最多的"老师"，更是孩子心中的明灯。一定要从思想上重视家长给孩子的示范作用，着眼于孩子的长远发展，父母的言传身教就是榜样。

二、居家健康

家长要关注孩子的身体健康，特别是孩子独自在家期间，要注意人身安全，当心用火、用电、防盗等方面的安全。外出时做好必要的防护，离开本市应及时报告。孩子的心理健康也不能忽视，对孩子长时间居家学习可能产生的厌烦情绪及时疏导，及时与孩子沟通交流，适度引导孩子关心国家大事和社会动态，培养孩子爱劳动的习惯和动手能力，通过参与活动、分享心得的形式让孩子得到锻炼，不断成长。

三、利用闲暇时间充电，蓄势待发

机会总是留给有准备的人，除了完成每天的作业，学懂弄通当天所学的知识外，同学们还应该利用课余时间多读书，多看新闻，抓住各种机会多参加活动，这样才能培养自己听、说、读、写的能力，通过不同的形式进行知识的积累和运用，达到锻炼自己、提高自己的目的，才能蓄势待发，共绘精彩的明天。

最后，朱老师叮嘱同学们，疫情当前一定要培养良好的居家学习习惯，摆正学习态度，要停课不停学，积极参与空中课堂学习，等到返校时，一同检验同学们在家里的学习成果。

通过这次线上家长会，我们更加坚定：只要目标明确、学习方法得当、拥有良好的作息习惯，即使通过网络授课，也能收到良好的学习效果；只要我们放下恐慌，甩掉焦虑，做好防护，冬天一定会过去，春天一定会到来！让我们家长与老师携起手来，关爱孩子，众志成城，同心战疫，一起迎接灿烂的明天！

第四章

教师与家长的沟通形式之二
——家委会

第一节 家委会概述

家委会即家长委员会，是由本校学生家长代表组成并直接参与、支持和监督学校教育工作的一种组织形式，是学校教育有益的补充和发展，是学校争取更多的社会力量办好教育的主要途径，对提高广大家长科学教育子女的水平，促进家庭教育与学校教育的紧密配合，构建学校、家庭、社会教育一体化的体系起到了重要作用。《国家中长期教育改革与发展规划纲要（2010—2020年）》提出，建立中小学家长委员会，引导社区和有关专业人士参与学校管理和监督。在学前教育、义务教育阶段，学校成立家长委员会，目的在于加强联系沟通、增进家校互动、促进学生成长。

家长委员会的宗旨：团结全校学生家长，密切学校与家庭的联系，充分发挥家长对学校教育教学工作的支持、配合、参谋、监督作用，把学校教育与家庭教育有机结合起来，提高家长教育子女的水平，促进学校教育改革，提高教育质量。

家长委员会的作用：根据国家的教育方针和学校的办学理念、质量、特色的要求，沟通学校和家庭、社会的联系，促进学校、家庭、社会教育一体化的形成；指导家长认真担负起科学教育子女的作用，帮助学校拓展德育工作的深度和广度，全面提高学生素质；积极交流和研讨家庭教育的规律，总结家庭教育的成功经验，不断提高家庭教育水平；参与学校管理评价工作，为学校工作提供意见和建议，发挥学校和社会之间的桥梁作用。

家长委员会组织分为三级：班级家长委员会、年级家长委员会、学校家长委员会。实行聘任制，一般情况下聘任期为一年。如有特殊原因空缺，可通过正常程序进行增补。中途每学期可根据实际进行适当增减。学校家长委员会每学期召开一至两次会议；遇有重大事项，经学校提议可召开临时会议。

家长委员会组织选举流程：班级家长委员会设主任1名，副主任1名，委员3~5名；每班班级家委会主任为年级家长委员会委员，选举产生年级家长委员会主任1名，副主任1名；年级家委会委员为学校家委会委员，年级家委会主任为学校家委会常委，从中产生学校家长委员会主任1名，副主任1名，秘书长1名。

班级家委会主要工作职责：在班主任指导下开展工作，加强家长与教师的沟通和联系，积极参与和支持班级教育教学工作，为班级进步提出建设性意见或建议；负责组织开展家长志愿者社会实践活动、家长沙龙、家长大讲堂、家长驻校轮值、护学等相关活动；对教师的教育教学工作进行适时的评价与反馈；协助做好学校的宣传工作，提高学校知名度；积极带领班级、学生、家长参加学校的各项评估活动。

校级家委会主要工作职责：关心和扶持学校教育事业发展，支持学校教育教学工作；积极参与学校管理，为学校发展出谋划策；组织家长对全体教师以及学校工作进行监督，并通过有效渠道提出合理化建议；促进学校与社区、家庭建立更加密切的联系；反映广大家长要求，让学校及时了解家长的心声；做好学校宣传工作，扩大学校影响和知名度；协助学校办好家长学校，不断提高家长自身素质；积极争取家长的支持，充分挖掘家长资源，带领广大家长参加学校组织的家长学校、家长志愿者社会实践、家长沙龙、家长大讲堂、家长驻校轮值、护学等各种活动；对学校的各项工作进行有效的评价和反馈。

家长委员会委员，应该具备下列条件之一：热心教育，了解和赞成学校办学理念，关心和支持学校工作，能为学校工作献计献策；具有比较科学和丰富的家庭教育经验，并有较好的教育效果；能为学校教育教学工作提供一定的帮助。

家长委员会成员行使下列权利：有了解教育教学情况的权利；在不干扰正常教学秩序情况下，可由学校安排进教室听课（事先须与教师发展中心联系，落实具体时间），或邀请部分家长代表到校听课，与学校共同研究教育教学工作；有向学校咨询或了解学校有关教育、教学等方面规定、政策的权利；有知晓、参与学校各种重大教育、教学活动的权利；对学校教育教学及各项工作实行监督，提出意见和建议的权利；有向学校反映学生家长对学校工作意见的权利。

家长委员会成员履行下列义务：倾听家长对学校工作的建议和意见，并及时向学校反馈，促进学校改进工作；联系家长，采用多种形式，动员社会资源，支持学校办学；利用自身优势，配合班主任、年级组，指导家长科学地开展对学生的家庭教育工作，提高家教水平；在家长中积极宣传学校的办学理念，当有家长对学校工作产生误解时，主动配合学校做好解释、说服工作；执行本委员会的决议，维护整体利益，完成本委员会交派的任务。

各级家长委员会通过设立家长信箱、家长委员会接待日或者通过各级家委会成员等加强与广大家长联系和沟通。

第二节　家委会具体活动形式

通过一系列家校联合活动，家长对学校教育工作的热情逐渐高涨起来，他们不仅不再抱怨学校的活动，而且以一种积极的态度踊跃参与到学校班级活动中来。许多有心的家长还自觉地为班级出谋划策，协助教师解决一些实际问题。家长动起来，教育效果好起来，家长舒心，教师高兴，当然，受益最大的，还是那些可爱的孩子。

1. 家长志愿者活动

家委会组织家长志愿者协助学校组织监考、春游、运动会、元旦晚会、大型艺体活动、学生实践活动、护学护校安全巡视等工作。

【案例一】

难忘的世园会之旅

10月18日天气很好，晴空万里，阳光和煦。

"其多列其多列，上山坡去捡竹叶，带上长刀砍竹筒；其多列其多列，大路旁的小树叶，随风吹动随风扬；其多列其多列，彩色书包背身上，高高兴兴上学去……"

伴随着孩子们的歌声，崂山区实验小学2015级2班的宝贝们在朱老师和家长的陪同下，一起走进了青岛世园会，开启了家委会组织的第一次活动——"奔跑吧，宝贝！2015级2班世园会秋日畅游"。

虽然每一个孩子都来过世园会，对这里的每一处环境都很熟悉，但是和同班的新同学一起嬉戏玩闹，孩子们的脸上依旧洋溢着兴奋、欢快的笑容。

我们先在世纪广场进行亲子活动，通过气球传递跑、萝卜蹲和拔河比赛的游戏环节，让家长和孩子们共同参与，让大家彼此熟悉和进一步交流。游戏过程中大家玩得非常开心，收获了许多欢乐。

在拔河环节中，由于朱老师在一篇文章中看到七八岁的孩子拔河会造成心脏受损，建议改成家长拔河、孩子们加油，可是家长的力量太强，竟然把绳子扯断了。当看到家长们跌倒在地的时候，有的孩子上前关心，有的孩子很难过。此时，朱老师引导孩子们问候家长是否受伤。一声声的问候，体现了孩子们对家长的关心，让亲情有了进一步的升华。

接下来大家去了植物园。植物园的建筑很有特色，外形设计为树叶形状，构思源于种子和植物生长，总建筑面积是22749平方米，是亚洲最大的钢结构植物园之一。

在讲解员阿姨的引领下，孩子们来到了海洋馆，认识了各种各样的水母，有天草水母、海月水母，还有海蜇，它们都很漂亮。孩子们还看到了潜水员叔叔给鱼儿喂食的情景。

展馆里犹如一个巨大的原始森林，空气清新，让人身心愉悦。展馆里有巨大的芭蕉树、十分特别的空气凤梨、最毒的见血封喉树、神奇的猪笼草，还有很多叫不出名字的稀奇植物。

这真是一次难忘的世园会之旅啊！

【案例二】

不一样的体验，不一样的收获
——射箭体验及趣味拓展活动

射箭？让7岁的孩子射箭？没搞错吧——在家委会活动方案讨论中，当徐莜涵妈妈提出让孩子们去体验射箭的时候，几乎在场的爸爸妈妈心里都打起了鼓：能够保证安全吗？孩子们会喜欢吗？这个年龄行不行啊？方案虽然新奇，但是活动必须安全、对孩子成长有价值，这是我们2015级2班家委会组织每一次活动必须坚持的原则与底线。

从9月份到10月份，经过几轮磋商、反复论证，家委会最后达成共识：射箭体验的方案是可行的。

首先，关于安全问题，我们选择的射箭运动俱乐部是正规的，有专业的射箭技能培训教练及培训经验，场地正规，安全有保障。

其次，射箭是一项非常有意义的运动，可以促进多种器官协调发展，增强骨骼、力量、体质和耐力，可以提升个人气质，锻炼毅力，培养意志。

最后，射箭是绝大多数孩子没有接触过的小众运动项目，可以带给孩子不一样的体验。

最终方案在班级大群公布，全班34个孩子报名参加射箭体验活动。

2016年10月22日，东海一路20号，某射箭运动俱乐部。

今天孩子们都是第一次拿起真正的弓箭射击，内心既紧张又激动。箭馆的叔叔给孩子们专门配置适合孩子使用的儿童弓，降低了射箭的难度。每个孩子都信心满满，跃跃欲试，想像奥运冠军张娟娟一样帅气地拉弓射箭。

孩子们在教练的指导下站稳身姿、拿起弓箭，满怀新奇与兴奋地射出自己人生的第一箭。射箭时，有的孩子表现出过人的天赋，首箭就命中靶心，赢得大家的喝彩。

在射箭中，箭馆的教练给孩子们上了重要的一课：射箭成绩不好的原因在于环境不净、心境不静。要想射好箭，首先要心静。心静，方能神定、手稳、箭准。

不一样的体验——这是我们给孩子最好的礼物。因为只有亲身体验过，才能准确地、负责任地去判断好与不好，喜欢与不喜欢，擅长与不擅长，要与不要。当辛博文小朋友第一箭就命中靶心的时候，教练的眼睛也亮了，惊奇地问道：你以前练过射箭吗？——又有谁能断言我们这些孩子中不会有人因为这次体验而爱上射箭并成为张娟娟一样的奥运神射手呢？一切皆有可能，但所有的可能都因认识、体验、热爱而开始。

学会了射箭技巧后，我们就进入了紧张激烈的趣味游戏环节。

第四章 教师与家长的沟通形式之二——家委会

孩子们一共分为红黄蓝绿四组进行游戏，分组比拼射箭成绩。各组选手竞相上场，各组都有表现出彩的孩子射中靶心。

最后，黄队有数位同学表现优异，得分较高，有较大整体优势，取得团体冠军。

射箭活动结束后，考虑到射箭重在稳与静，而孩子们又憋着满满的兴奋、快乐的能量无处释放，家委会特别组织孩子们玩"贴名牌"的游戏：既要保证自己不被贴，还要尽可能多地给别人贴，被贴得少的是赢家，有奖品。孩子们在箭馆的CS场地里面的丛林、山洞之间疯跑起来，相互闪躲又相互追逐着，互贴名牌，笑闹着打成一片，这时候，我们感觉到整个箭馆都充斥着孩子们的欢乐与热情。

游戏很快就结束了。孩子们迅速回到出发地点站好队伍。看到朱老师拿着奖品袋子站在队伍前面，孩子们的情绪明显紧张起来，因为很多孩子身上被贴了很多名牌，担心没有奖品。没想到朱老师却说："大家都很棒，没有被贴名牌说明你很机警，而被贴的名牌很多说明有很多的同学喜欢你。每个人都有奖品，大家按照顺序到袋子里面摸自己的奖品吧。"孩子们的心情一下子放松下来，开心地拿着奖品，带着满满的幸福跟着爸爸妈妈回家了。

朱老师的这句话给我们所有的家长上了一课——影响我们的往往不是事件，而是我们对事件的看法。我们在对孩子进行教育的过程中，总会遭遇各种事件，相比事件本身，我们对于事件的反应与解读才能真正影响孩子，我们每一个家长都要学会正向解读。

不一样的体验，不一样的感悟，无论是孩子还是家长，都有不一样的收获。通过此次活动，孩子们不但增长了见识，开阔了视野，还加强了团队合作意识，班级凝聚力也在不断增强。

感谢莜涵妈妈的精心策划，感谢朱老师带给我们的启发，感谢射箭运动俱乐部给孩子们提供了如此完美的体验场地。

【案例三】

"励志青春曲，育才健康行"
——崂山区育才学校举行远足拉练活动

为培养学生集体主义观念和团队协作精神，增强集体荣誉感，磨砺学生意志，崂山区育才学校七、八年级全体学生开展了以"励志青春曲，育才健康行"为主题的远足踏青活动。活动前期，学校进行了精心策划并多次踩点，确定路线，制定方案，召开筹备工作会，制定各类预案以确保学生安全。学校家委会自发组织的家长志愿者一路跟随，协助教师维护学生秩序，照顾学生安全。崂山区交警大队对本次活动给予了大力支持，组织引领学生有序通过路口，确保交通安全。

五四广场上，和风轻拂，阳光明媚。教师、学生和家长席地而坐，共进午餐，其乐融融。经过短暂的休整，同学们踏上了返校的路。返程途中，很多同学体力不支，双脚磨出了水泡却依然在同伴的搀扶下坚持到最后。下午4点，全体师生返回终点——石老人广场，远足活动圆满结束。虽然每一位同学的脸上都写满了倦意，眼睛里却闪烁着青春的光芒。

豆蔻暖春共舞，金沙海风轻拂。本次远足拉练活动给同学们提供了一次磨炼意志、挑战自我、熔铸团队的机会，增强了合作和团队意识，培养了自强不息、坚持不懈的精神，同时留下了一份难以忘怀的美好记忆。

第四章 教师与家长的沟通形式之二——家委会

【案例四】

"小小大学生"中国海洋大学科学研学营，邂逅10年后的自己

时间匆匆，6年时光转瞬即逝，转眼间，2013级的同学们即将结束小学生活。小学生活的结束，意味着告别童真的小学生活，告别昔日懵懂的同学，告别那些情深义重的朋友，告别那些言传身教的老师……

毕业在即，家委会与嘟嘟岛携手，为同学们举行了一次以研学与毕业为主题的活动。

这一次，六（4）班的同学们走进中国海洋大学崂山校区，穿越时光，感受10年后的自己！

2019年4月14日，同学们准时抵达会合地点——中国最美校园TOP10之一中国海洋大学，探索科学，体验大学生活的一天。

开学伊始，初中、高中、大学总是会举行军训。军训可以培养同学们艰苦奋斗、刻苦耐劳、团结合作的精神。

同学们的"大学生活"第一个项目也是军训。看，他们的队伍站得多么整齐！接着，同学们了解了关于电磁波的知识，并借助特殊的设备，以小组为单位，上山下地，到处寻找身边的电磁波。

听说海大的学生餐很好吃，中午，同学们在学生餐厅亲身体验了一次。同学们有秩序地排队、领饭，并各自安静地坐好，享受了他们"大学生活"的午餐。10年后，当他们各自在大学餐厅吃饭的时候，不知道是否会想起这一餐。

下午，同学们一起近距离接触了水下机器人。在教研室，同学们穿上大白褂，化身实验人员，听取科学报告，观察小机器人的运作，真是一个个忙碌的"大学生"呢。

最后，同学们穿起象征着毕业的学士服，手持自己的"毕业证书"，留下了一张"大学毕业照"。

看着穿着学士服的同学们，仿佛看到了他们10年后的样子，也仿佛看到了小学毕业时的情形。潇洒地抛一抛学士帽，一片欢乐。这一天的"毕业"，没有感伤，没有眼泪，没有不舍，没有难过。至此，小学生涯最后一次校外集体活动完美收官。

在这次活动中，大家用一天的时间，接触了最新潮的科技，涉及了未知的领域，探索了很多科学知识，体验了丰富的大学生活。相信这会在他们心中种下一颗希望的种子。

让我们相约，10年之后，大学校园见！

【案例五】

文明出行，礼让斑马线

为改变学校周边交通拥堵现状，保证学生的安全和学校周边交通的畅通，节省家长们接送孩子的时间，减少对周边居民生活及其他方面带来的不便，共同营造平安、和谐校园，我校开展了"文明出行，礼让斑马线"活动。

家长志愿者配合学校工作，疏导交通，劝离妨碍正常通行的车辆，劝阻不文明交通行为。鼓励学生积极开展"小手拉大手"活动，倡导遵守交通规则、文明出行，提醒监督家长遵守交通秩序。每天早晨，志愿者们身着反光马甲，手拿彩旗，提醒、示意过往车辆礼让慢行。在崂山区文明交通、文明出行现场观摩活动中，崂山区育才学校家委会成员刘俊涛作为代表分享了开展"文明出行，礼让斑马线"活动以来的感受。

家长志愿者代表发言

尊敬的各位领导、各位朋友，大家上午好！

我是崂山区育才学校家委会成员刘俊涛，很高兴有这样的机会作为市民代表，和大家交流我眼中和心目中的文明出行。

自开展"文明出行，礼让斑马线"活动以来，我们发现车辆经过路口、斑马线或者右转弯时，总会有司机主动减速行驶；遇到行人正在通过斑马线，总是主动停车让行；在没有交通信号灯和斑马线的路口，车辆也主动避让行人。我想，见到这些现象，我们内心一定是温暖的！现在，文明出行、礼让斑马线已经蔚然成风，越来越多的人加入了文明出行的行列中。

我们崂山区育才学校的家长和孩子们也用自己的实际行动参与此次活动。崂山区育才学校平时非常注重安全教育，有专门的安全教育校本教材和教学安排，班主任每天放学前进行一分钟安全提示，每周末进行五分钟安全教育，每月召开安全主题班会。

学校家委会主动组织、各班级积极参与"文明出行，礼让斑马线"活动。在绣岭路南北两个路口，家长们身着反光马甲，手拿彩旗，提醒、示意过往车辆礼让慢行。孩子们的安全观念、安全意识逐步提高，学校周边也逐渐形成了一股文明礼让的风气。很多家长都说，学校周边道路比以前有序了，顺畅了，家长接送孩子时也不会因为道路拥堵而焦躁不安了。

公共交通是社会资源，司机和行人要换位思考、相互礼让、文明出行，使我们的城市更文明、更温暖、更和谐。作为一名市民，我为生活在这样美丽的城市而自豪。上合峰会即将举办，国内外嘉宾即将来到青岛，一睹城市风采，在这里我可以骄傲地说："国内外的朋友们，请来做客吧，我们已经准备好了！美丽青岛，美丽崂山欢迎您！"

分享到此结束，谢谢大家！

【案例六】
家委会成员在班级毕业会上的讲话

尊敬的各位领导、老师，亲爱的家长，可爱的孩子们，大家好！

今天，日子特殊，咱们2015级4班的孩子们毕业了。古人说："弟子事师，敬同于父，习其道也，学其言语……一日为师，终身为父。"孩子得遇良师，是孩子的幸运，也是我们家长的幸运！此时此刻，我们家长和孩子的心情是一样的。师恩似海深，师恩似海当思源。在这里，我代表全体家长和孩子真诚地向各位老师说一声："老师，您辛苦了！感谢您无私辛苦付出！"

三年前，因为孩子，我们这些做父母的走到了一起，心也走到了一起。我们陪着孩子，去敬老院，组织羽毛球比赛、沙滩足球比赛、趣味运动会，去大河东吃樱桃，参观一汽解放、青岛博物馆，元旦包饺子等。因为有了大家的支持，我们班级实践活动有声有色，这些经历是我们和孩子共同的财富。在此，真诚感谢各位兄弟姐妹。

今天，有机会和孩子们聊一聊作为家长的心里话，我归纳为三个词：安全、学习、效率。

安全：最重要的是要有安全观念和安全意识。最好的保护是预防。"君子不立于危墙之下"，防患于未然很重要。要学会机智，珍惜生命，保护自己……

学习：学习是终生的事情，一辈子的事情。在学生阶段，学习体现在能力、方法、习惯、思维、自省等方面……

效率：要在提高效率上下功夫。这就要求孩子们要学会统筹兼顾，抓住重点，做好规划。

最后，我代表爸爸们送给孩子们三句话：第一句话——"己所不欲，勿施于人"；第二句话——"勿以恶小而为之，勿以善小而不为"；第三句话——"君子坦荡荡，小人长戚戚"。

最后，祝愿我们孩子的母校越办越好；祝愿老师们事业有成、身体健康、家庭幸福；祝愿孩子们成为社会栋梁，拥有更加美好的未来。

2. 家长沙龙活动

各级部和班级家委会可以根据家长需求，在关键的时间段（如开学初、大型考试前等）组织家长沙龙，每学期1—2次，时间自定，可以以级部为单位进行，也可以班级单独召开；可以全部家长参与，也可以部分家长小型沙龙聚会。

【案例一】

九（4）班第一学期家长沙龙活动

班级	九（4）班
参加人员	九（4）班部分家长
活动时间	2017年12月24日
活动主题	商讨元旦迎新沙龙事项
活动过程	一是各参会家长提出建议，请其他家长认真考虑；二是经过大家商讨，形成以下意见： ①刘和静爸爸购买气球、拉花（周四晚上布置完毕），准备活动奖品，准备芹菜肉饺子馅。 ②徐佳妮爸爸准备橘子20斤、柚子4个、香蕉4把、瓜子5斤、花生5斤，准备三鲜饺子馅。 ③袁舶航妈妈准备碟子、筷子、纸杯各60份，酱油、醋、食品袋、饮料若干，周四晚上准备拉花梯子，准备饺子面团。 ④王馨若妈妈准备白菜肉饺子馅。 ⑤宋炅阳妈妈准备牛肉饺子馅，统筹游戏节目，组织家长之间的经验交流与分享。

（续表）

活动感受	没有完美的个人，只有完美的团队；一人拾柴火不旺，众人拾柴火焰高，集体的力量是无穷的。依靠大家，元旦迎新活动就能办得精彩，就会让孩子们感受到家长的用心，给孩子们留下美好的回忆。

【案例二】

九（4）班第一学期家委会活动—家长沙龙

班级	九（4）班
参加人员	九（4）班全体同学、老师，部分家长
活动时间	2017年12月29日
活动主题	庆元旦，包饺子，家长孩子互动做游戏
活动过程	一是请孩子们邀请老师来班级包饺子。全班分为四个组，孩子们按照分工带来面板、盖垫、面杖等。二是孩子和家长参与游戏活动，紧张有序地玩"你来比画我来猜""蒙眼摸物""吹气球"等游戏。三是请级部主任牟斌老师对孩子们提出要求和期望。
活动感受	一元复始万象新，新的一年开始了，孩子们即将迎来人生中一次重要的选择。"一张一弛，文武之道也。"张弛有度应是我们学习和生活应有的状态。因此，家委会牵头组织"元旦迎新沙龙"活动。此次活动，孩子们按照分工各司其职，兴高采烈地互相学习包饺子技能，体现了互帮互学、团结友爱的良好班风；一系列游戏活动让孩子们的情绪得到释放，展现了自我，能够使他们更好地迎接期末复习和考试。 家长们积极参与，为了不影响孩子们学习，一直秘密筹备此次活动，放弃休息时间外出采购物品、布置教室等，体现了家长们一心只为孩子的良苦用心。

3.家长大讲堂活动

学校欢迎家长根据自身职业特点和兴趣特长进班级讲课，每个班每学期1—2课时。若有较好的课题适合全级部或是全校学生学习，可酌情安排全级部或全校同时听取讲座。

【案例一】

"勇挑重担，做新时代好少年"家长进课堂活动

在科技迅猛发展的当今时代，孩子们该承担怎样的责任？又该如何做？

2018年10月25日下午，青岛市崂山公安分局警官——生洽安爸爸围绕这一话题，为孩子们带来了一堂精彩的课。

精彩活跃的课堂

中美贸易战、尖端芯片、教育发达的以色列……课堂上，生警官旁征博引，从自律、读书、保持好奇心这三方面提出了自己的建议。

关于自律，生警官为大家列举了著名足球运动员罗纳尔多的例子；关于阅读，生警官精心准备了各大学图书借阅排行榜，让孩子们进行比较，引起他们的思考；关于好奇心，生警官特别介绍了火星探测器"好奇号"相关信息。

为活跃气氛，让大家更好地理解生警官的讲课内容，家长课堂设置了互动环节，让同学们积极发言，说出自己的想法。

作为积极回答问题的鼓励，生警官将精心准备的礼物分发给大家。用心的分享，认真的听讲，让孩子们收获了太多。班级群里，他们纷纷说出了自己的心声。

是的，少年强则国强。只要孩子们都能正确地认识到自己的责任，勇于承担，积极进取，不断挑战与完善自己，相信我们的国家会越来越强大！

【案例二】

国学进课堂，端午粽叶香

"粽子香，香厨房。艾叶香，香满堂。桃枝插在大门上，出门一望麦儿黄。这儿端阳，那儿端阳，处处都端阳。"为弘扬我国优秀的传统文化，2016年6月7日下午，崂山实验小学2015级2班组织了"端午节"主题活动。

宋子墨妈妈请来了青岛童学馆的尹老师，尹老师身穿"汉服"走进教室，带孩子们进行了一场别开生面的国学文化之旅。

上课前，孩子们在尹老师的带领下，静气屏息，吐纳入定，学习了上课礼。

今天的国学文化课通过讲故事的方式讲解了端午节的时间，端午节是为了纪念谁，端午节有哪些习俗。

关于端午节的由来，尹老师从战国风云讲到楚怀王与屈原，从屈原含恨投江讲到百姓的不舍，从而演变出包括"吃粽子""划龙舟"等各种端午节习俗。从故事中，孩子们了解了"端午节"这一中国传统节日的来历，也感受到屈原矢志不移的爱国主义情怀和不与奸佞小人同流合污的高风亮节。

接下来，尹老师带领大家一起诵读了屈原祭词和《离骚》，并鞠躬悼念。

老师边表演边诵读的形式引起了孩子们的极大兴趣，并与家长、老师一起学习了这种新颖的背诵方式。最后各组推选一名代表上台表演。朱老师和孩子们的精彩表演博得阵阵掌声与喝彩。

除了端午节，还有很多具有中国特色的民俗节日。尹老师带领孩子们进行了简单的回顾，包括"春节""元宵节""清明节""端午节""中秋节""重阳节""腊八节""小年"等。尹老师还给大家布置了作业，让孩子们跟爸爸妈妈一起了解这些节日的由来和习俗!

编织和佩戴五彩线也是端午节非常重要的习俗之一。五彩线由白、绿、黑(或蓝)、红、黄五种颜色组成,分别代表五行即金、木、水、火、土。据说端午节当天把五彩线拴在小孩的手腕、脚腕和脖颈上,可以避邪和防止五毒近身。在端午节后的第一个雨天,把五彩线剪下来扔在雨中,会给孩子带来一年的好运。为了表达对父母的爱,尹老师给同学们布置了第二个作业,就是给爸爸妈妈做一条五彩线。

一个小时的国学文化体验课在孩子们的美妙合唱《渔歌子》中结束了。中国传统文化源远流长,博大精深,是中华民族的宝贵财富。今天的活动,将了解民俗文化与欢度传统节日融为一体,丰富了孩子们的精神世界,增强了孩子们的爱国主义情感,让仁义礼智信和感恩扎根于孩子们的心灵。

【案例三】
"爱护眼睛,从我做起"专题知识讲座成功举办

2015年11月5日,崂山区实验小学2015级2班组织家长和学生参加了由视光学专家郭莉莉教授主讲的"爱护眼睛,从我做起"眼科知识专题讲座。

根据家委会前期驻校观察以及老师们的反馈,相当一部分孩子在日常学习中读写姿势不正确,影响视力发展,个别孩子甚至已经出现近视等视力问题。针对这些情况,班主任朱老师主动邀请郭教授到课堂上为孩子们和家长们详细讲解了近视的成因与防治方法,示范了正确的读写姿势,并逐一矫正了孩子们的握笔姿势。

讲座的最后阶段,郭教授从专业的角度一一解答了家长和学生关于视力保护方面的问题,并告诉大家如何选择LED护眼灯以

及如何进行有益于视力保护的日常营养搭配等，现场互动热烈。

孩子们的视力保护，是一项需要家校协作共管的长期的、持续性的工作。通过郭教授的讲解、示范与矫正，家长们受益匪浅，也更有信心和方法在今后的学习中协助和督促孩子们保护好视力。

【案例四】

日食观测活动

2016年3月9日出现日偏食，经过与朱老师提前沟通，家委会特别组织了日食观测活动。活动开始的前一天，家委会在家长群里发了通知。家长们积极响应，提前准备了多种观看日食的方法，为这次活动献言献策，有力地支持了本次观测活动。

3月9日，日食出现在第二节课的时间。在观测之前，倪子舒妈妈为孩子们精心准备了一段关于日食的讲解。讲解图文并茂，深入浅出，帮助孩子了解日食发生的原因和日食的种类，并讲解观看日食的注意事项。

讲课后，老师和家长带领孩子来到操场，使用各种工具观看了日偏食。

【案例五】

健康的口腔，灿烂的笑容

健康的牙齿对每个人的身体健康来说至关重要，在小学生中普及护齿知识可以使其受益一生。9月20日爱牙日，崂山区实验小学2015级2班家委会邀请了青岛市立医院口腔医疗中心袁文红主任给二年级孩子们做了"健康的口腔，灿烂的笑容"讲座，并给孩子们做了详细的口腔检查。

首先，袁主任利用多媒体课件让学生了解牙齿的结构和龋齿对儿童的全身影响和局部影响，并告知学生口腔健康的五大标准，即牙齿清洁、无蛀牙、无疼痛感、无出血现象、牙龈颜色正常；然后向学生介绍最常见的口腔疾病以及如何矫正医治；最后重点教学生正确的刷牙方法，如何选用牙膏、牙刷以及刷牙的时间和频率，使学生认识到使用含氟牙膏可以预防龋齿，抵抗细菌，坚固牙齿，保持口气清新；经常吃零食会产生牙菌斑，损害牙齿，使牙齿脆弱，导致蛀牙；限制吃零食的次数，可以减少牙菌斑繁殖；使用保健牙刷，可以保护牙齿和牙龈等知识。这一活动促进了学生每天早晚刷牙，饭后漱口，三个月换一次牙刷，睡前不吃零食的良好习惯和定期检查口腔的习惯养成，在很大程度上帮助学生和家长纠正了不良的口腔卫生习惯。

通过这次讲座，学生明白了口腔健康是全身健康的重要组成部分，更加懂得了保护口腔的重要性。此次活动也受到广大学生家长的一致好评，在今后的健康教育工作中，我们会继续向学生传授更多口腔健康知识，提高学生口腔健康水平。

【案例六】
七（4）班第一学期家委会家长大讲堂

班级	七（4）班
参加人员	七（4）班全体家长
活动时间	2015年11月12日
活动主题	如何培养孩子的学习习惯
活动过程	曹程泽家长分享"如何培养孩子的自主学习习惯"。 姜怡君妈妈分享"如何督促、检查孩子的作业"，并组织家长之间的经验交流与分享。

(续表)

活动感受	通过两位家长的分享和交流，家长们认识到制订学习计划并严格执行是培养良好学习习惯的重要方法。孩子学习时，家长要以身作则，自觉学习，如读书、看报等。在家可以伴读，上学可以陪送孩子，使孩子能够从他人督促管理跃升为自我管理。 　　家长们更加意识到学习习惯的重要性，并从相互的交流与分享中学习到他人的好经验、好方法。

【案例七】

八（4）班曹博士讲座

2017年1月10日下午，八（4）班曹程泽同学的爸爸曹博士为同学们带来了一场生动的讲座。这场讲座从物理、地理、历史等多角度讲述了交通运输业、工业的发展史。同学们听得津津有味，争先恐后与曹博士互动。同学们在开心交流的同时也学到了许多关于工业、运输业发展的知识，受益匪浅。讲座最后，曹博士通过晚清的衰败引入了一个亘古不变的真理：落后就要挨打。作为当代的初中生，我们一定要努力学习，为祖国的繁荣富强贡献力量。在结束的时候，同学们一起热烈鼓掌，为曹程泽爸爸的分享表示由衷的感谢。

【案例八】

财商教育　正当其时
——八（4）班财商初探

同学们，春节后你一定收获了不少压岁钱吧？你是怎么处理压岁钱的呢？今天，家委会代表刘叔叔给我们上了一节生动的理财课《我的压岁钱》——财商浅谈。

刘叔叔是一位理财专家，他由一张手持金砖的照片开始谈起，从大众常见的理财方式到方兴未艾的互联网金融。他告诉我们，要树立正确的金钱价值观,"君子爱财,取之有道"。要从小培养理财意识,合理消费,量入为出,记账并养成储蓄的习惯。刘叔叔用"因为地铁逃票而找不到工作的高才生"的案例,告诉我们一个道理:"人而无信,不知其可也。"通过这个案例,我们深信,诚信是一个人安身立命的通行证,是做人的根本。刘叔叔边提问边给积极回答问题的同学送上红包,红包里的金额不一。刘叔叔希望我们明白一个道理——有付出才有收获。当你的收获和别人不一样时,要学会宽容,换个角度看问题,人生美景各不同。刘叔叔为我们上了一节生动的理财课、品德课。

主讲家长感想

之所以准备这节财商教育课程,是基于以下考虑:寒假是孩子们的"丰收季",孩子们的压岁钱该如何管理和支配已成为令家长们苦恼的事。孩子不乐意由家长保管;家长担心孩子没有足够的自控能力,会胡乱花钱。因此,开学初向学生进行财商教育尤为重要。经班主任提议和邀请,我为孩子们设计了这节课程,希望培养孩子们的理财意识,树立理财观念,鼓励孩子学会管理自己的"资金",把控资金流向,养成良好的理财习惯,学会合理利用资金去追求他们想要的东西,修炼与金钱打交道的能力。另外,进行财商教育还需要培养孩子延迟享受的理念,就是延期满足自己的欲望,以追求未来更大的回报。

4. 驻校轮值活动

按照学校安排,各班轮流驻校值班,每周一个班,每天安排几名家长到校轮值一天或半天,办公地点在一楼大门厅南侧家委会办公室。周一前轮值班家委会主任将驻校轮值安排表上交班主任,打印出来放在传达室,轮值家长可以听课、巡视校园环境、访谈学生和教师、查看学校各方面的工作,轮值结束后填好驻校轮值记录表和听课记录表放在家委会办公室,学生中心会通过各种方式及时回复家长的意见和建议。各班家委会及时收集家长轮值感受电子稿、电子版照片、本班级驻校轮值安排表,期末打包交给班主任。

【案例】

七(4)班第一学期家委会驻校轮值活动

班级	七(4)班
驻校家长	袁舶航妈妈、徐佳妮爸爸、刘和静爸爸
驻校时间	2015年12月10日
驻校过程	上午第一节课观摩历史课堂授课; 上午第二节课观摩地理课堂授课; 上午第三节课和班主任韩老师讨论家长奖励孩子办法和图书漂流读后感写作情况; 上午第四节课观摩英语课堂授课; 中午在食堂就餐并和牟斌老师交流驻校轮值情况。
观摩效果	老师们备课充分,授课认真,课堂内容紧凑充实,课堂气氛活跃,小组讨论合作效果好; 课间秩序井然,孩子们相处和睦; 食堂饭菜质量好。
驻校感受	参加驻校轮值,观察孩子在校表现,了解老师教育教学情况,近距离与老师进行沟通,发挥了家长对学校教育的知情权、评议权、参与权和监督权,满足了家长们参与学校管理的愿望。我们亲身体会到学校工作务实,细节管理到位,驻校轮值工作没有流于形式,这种家校融合的方式令我们感到欣慰。这能够促使我们家长换位思考,共同促进孩子的健康成长和学校的良性发展。

5. 亲子活动

【案例一】

参观安全应急体验馆

2016年4月16日，崂山区实验小学一（2）班经学生家长联系，组织班级同学和家长参观了位于奥帆中心的青岛市安全应急体验馆。本次活动，家委会提前组织家长报名，得到踊跃支持，班级同学和家长积极参与本次活动。活动开始前，我们与体验馆提前沟通，安排了体验馆最好的讲解员为大家讲解。由于参与人数较多，体验馆将孩子们分成两组，分别体验馆内设施。

体验馆中，孩子们现场学习了防触电、防溺水、防雷击等知识，通过4D的形式，体验了海啸、地震等自然灾害，初步了解了这些自然灾害形成的原因、可能发生的情况以及逃生的知识。

通过这次体验，孩子们进一步了解了日常各种危险发生的原因，增强了防范意识和应对危险的能力。

【案例二】

亲子羽毛球友谊赛

阳春三月，草长莺飞，怎能辜负了大好时光？上周日下午，2015级4班的学生和家长们，齐聚小学体育馆，举行了一场别开生面的亲子羽毛球友谊赛。赛场上，家长们个个精神抖擞，奋力拼搏；赛场下，同学们加油助威，欢呼声此起彼伏。比赛结束后，同学们久久不愿离开，又打起了篮球和乒乓球。此次友谊赛，加强了老师与家长的沟通、家长与家长之间的沟通，更加深了同学之间的友谊。赛后家委会主任刘和静爸爸表达了他的祝愿："希望家长们能增进沟通了解，希望孩子们能像兄弟姐妹般团结友爱！"

6.参观活动

【案例一】
畅游博物馆，开拓新视野

"博物馆是孩子们的天堂，课堂的延伸。"自从读了《走进英国》一书，我们就萌发了游览博物馆的想法。

2017年1月7日，细雨绵绵，像蚕姑娘吐出的银丝，在空中飞舞。但这阻挡不了我们2015级4班家长和同学渴望了解青岛历史的心情。上午九点半，在爸爸妈妈的热情陪伴下，我们如约来到青岛市博物馆，一起感受历史的气息。

一张张照片，一幕幕场景，一座座雕塑，一件件实物，展现了青岛地区几千年来文明繁荣的景象。在讲解员阿姨绘声绘色的讲解下，同学们都被青岛曾经的灿烂历史吸引住了，为祖辈们的勤劳和智慧感到自豪。

时间如白驹过隙，美好的时光总是短暂的。短暂的博物馆之行，让我们深入了解了青岛的历史，感受到青岛文化的魅力，开阔了视野，增长了见识，体会到民族文化的精髓。过去再强大再辉煌也已经成为历史，最重要的是今天的发展。我们深刻体会到唯有自强自立，中华民族才能屹立于世界民族之林。

作为新世纪的小雏鹰，我们一定会用自己的实际行动好好学习，掌握本领，为实现"中国梦"贡献自己的力量！

【案例二】
拓创新视野，沐科技春风
——记2015级4班参观一汽解放青岛汽车有限公司

3月11日上午，伴着和煦的春风，迈着轻快的步伐，崂山区育才学校2015级4班四十余位师生和家长来到位于即墨的一汽解放青岛汽车有限公司,亲身体验了一场"理论联系实际"的社会实践活动。

在培训教室,负责人曹程泽爸爸为大家介绍了一汽的光荣历史,一汽解放青岛汽车有限公司的生产创新和发展过程。我们了解到一汽解放是我国自主研发的自有品牌,第一辆解放重型卡车就是在一汽解放下线,作为新中国"一五"计划的首批重点项目,一汽功不可没。随后,同学们陆续参观了冲压、焊装和总装车间。

生产车间完全颠覆了同学们原先在头脑中形成的零部件狼藉遍地的想象。偌大的冲压车间只有寥寥数人。宽敞洁净的焊装车间,一条条自动化生产线上,机器人在电光石火之间精准地完成一处处焊接作业,三个机器人分分钟就能组装焊接起一个驾驶室。这种场面原来只在电视上见过,大家禁不住啧啧称奇。在总装车间,同学们见证了一批色泽鲜艳、质感精美的新车完成装配,赞不绝口。

通过一上午的参观,同学们在实践中印证课本所学,充分感受到现代制造业的发达,更深刻理解了"科学技术是第一生产力"的内涵。我们深信,学习科学文化知识既是提高自身素质和能力的必然,也是时代对人才的要求。

7. 社会实践活动

【案例一】

尊老敬老爱老,传承中华美德
——2015级4班在行动

尊老、爱老、敬老,是中华民族的传统美德。每年的春节前,崂山区育才学校2015级4班的学生,都要到敬老院看望那些爷爷奶奶。孩子们这份纯真朴实的感情尤其珍贵，为可爱的孩子们点赞。

活动过程

2018年1月27日上午9:30，在爸爸妈妈的陪同下，同学们来到崂山区吉星老年公寓看望爷爷奶奶。

首先，刘和静代表全体同学向爷爷奶奶说出了心里话，同学们向各位爷爷奶奶拜年，并祝爷爷奶奶们新年快乐、身体健康、万事如意！

接下来，在马越、王馨若两位同学的主持下，同学们表演了精心准备的节目。伴着扬琴独奏《喜讯》，爷爷奶奶们情不自禁地打起拍子，脸上洋溢着幸福、快乐的笑容。

徐佳妮同学演奏的琵琶《高山流水》，史君儒同学演唱的《我爱这蓝色的海洋》，引起了一位爷爷的回忆，他拿出心爱的手风琴，亲自为史君儒同学伴奏。爷爷意犹未尽，兴高采烈地邀请同学们一起演唱《同桌的你》《让我们荡起双桨》等歌曲。爷爷满怀着激动与兴奋，对同学们说："感谢这些可爱的孩子们来看望我们，在这里我祝你们新年快乐！你们一定要勤奋学习，长大后报效祖国！"爷爷和同学们的互动感染着其他老人，也感染着陪同的爸爸妈妈。随后，一位奶奶倾情演唱《我爱你中国》，将现场的气氛推上了高潮。

难忘的时刻总是短暂的。大家就要离开敬老院了，同学们纷纷献上用零花钱为爷爷奶奶准备的梳子，祝福爷爷奶奶们身体健康、幸福从头开始。随后，同学们依依不舍地把爷爷奶奶扶回各自的房间。

传承中华美德，我们一直在行动！

第五章

教师与家长的沟通形式之三 ——家访

第五章 教师与家长的沟通形式之三——家访

第一节 家访基本阐述

家访即家庭访问，是教师进行个别家庭教育指导的一种常用的有效方式，主要解决儿童、青少年的个别的家庭教育问题。父母是孩子的第一任教师，家庭就是孩子成长的摇篮。家庭对孩子的身体发育、知识的获得、能力的培养、品德的陶冶、个性的形成，都有着至关重要的影响。"亲其师，则信其道；信其道，则循其步"，亲近是做好教育的前提和基础，而家访正是一条暖心的纽带。家访能帮助教师理解孩子，而理解孩子是教育的起点。要想了解学生，就要了解其身后的家庭状况、学习环境、学生的个性以及在家的表现，了解学生在班级、学校、档案里看不到的东西，了解家长的希望、要求以及教育方法等，教育孩子更好地成长。

第二节 如何做好家访工作

一、家访技巧

家访一般是由学校的教师和领导到学生家庭进行访问，沟通了解学生的居住条件、学习环境、学习时间、娱乐时间、家务劳动情况、对外社交情况、家庭成员构成、父母感情以及家长对学生的要求等。

家访技巧主要有以下几点。

1. 既要讲观点，更要摆事实、有措施

在跟家长谈话时，教师既要讲观点，更要摆事实、提出解决办法。要拿出关于学生成绩和行为的具体事例，而不要直接给学生贴标签。比如不说"孩子数学不好"，而要具体地说"上周我们学习某个知识点，孩子感到有困难，没有交作业"。在任何时候都不要泛泛而谈，空下结论。

2．注重细节，表现出对孩子真正的关心

一定要向家长询问孩子的特长、兴趣，因为这意味着对孩子的肯定。教师还可以询问孩子的日常起居，在家负责哪些家务，怎样处理家庭作业，在家里是怎么玩的，有什么令人欣喜的好事，面临着哪些挑战，等等。这些细节问题意味着你愿意了解孩子，真正关心孩子。

3．把负面信息做成"夹心面包"

如果需要告诉家长一些负面信息，一定要把负面信息做成"夹心面包"。先说一些正面、积极的信息，再说负面信息，最后还要以正面信息来结尾。

4．积极聆听

一定要积极聆听，对家长报以同理心。比如："我知道，你对孩子在课堂上没有获得更多的关注感到失望。""看得出你对这件事情感到很气愤。"这样的语言表示你理解家长的想法，当然，这并不意味着你同意他们的观点。对于那些心中有"怨气"和"怒火"的家长，使用"积极聆听"技巧尤其有效。

5．不要对家长发号施令

教师可以为家长提供两三条方便在家实施的有助于孩子成长的具体建议。不要让他们感到这是命令，而要让他们感到这是在其他孩子身上起过作用的经验。不要对家长使用"你应该""你必须"这样的字眼，而要以邀请的口气为他们提供具体的建议。"邀请"家长参与到问题的解决中来，比"告诉"他们应该怎么做或不应该怎么做要强得多。

6．给家长充足的说话时间

给家长充足的说话时间，认真聆听家长的话。如果心里紧张，你就会不停地说话，这样会占用很多时间。最好在开始阶段鼓励家长提问，引导家长多说话，一方面可以了解新的情况和信息，另一方面可以缓解自己的紧张感。跟家长讨论孩子的困难时，一定要做到公正、坦诚，而不是指责。要避免情绪化，更要避免跟家长争辩。比如，可以这样对家长说："我理解你们的心情，让我们一起来想想办法。"

教师在家访中需要注意几个问题：

1．不要跟别的孩子进行比较。

2．不要给孩子贴标签。

3．不要使用教育界的行话或术语，家访语言要以简单易懂为主。

4．不要谈论或评价其他教师。

5．不要因孩子的不良行为而怪罪家长。

6．不要对孩子无法改变的特质和家长很难控制的因素大做文章。

二、家访形式

教师可以一对一家访，也可以根据学生特点组织部分学生一同家访。前者比较适合处理学生和家庭存在的隐私性问题。笔者曾尝试采用根据学生共性特点一同访问的方式，快速有效地解决了问题。在此，试举几例。

针对较早进入青春期的同学进行"如何开展青春期教育"家访活动。家长们普遍认为青春期是人生绕不开的路，它最大的特点是孩子身体发生变化，心理也发生变化。因此，家长要用发展的眼光迎接这些变化。家长要重视"第一次"，比如，第一次发现孩子身体发育变化时，就应该自然地告诉孩子："你长大了！是少年了！"让孩子从容面对自己身体的变化。孩子青春期到来之时，家长要注意孩子的健康饮食，如尽量避免让孩子食用激素较多的食物。孩子青春期，最令家长困扰的是亲子冲突，该如何处理呢？此时家长应少唠叨，多观察，建立平等又不失家长威信的亲子关系。

针对家庭教育动力不足的学生进行"如何建立一套有效家庭激励机制"家访活动。家长们激励孩子用得最多的方式是情感激励，简单来说就是周末多陪伴，孩子获得进步多拥抱。虽然这些举动看起来不起眼，但孩子们很喜欢。家长要学会亲子沟通，建立平等的亲子关系。另外，某些家庭也可以尝试一些物质奖励，如奖励孩子喜欢的学习用品，围绕孩子兴趣买他喜欢又有意义的礼物。无论哪种方式，家长们在平时应做到多表扬，少批评；多赏识，少比较；平常心，树榜样。

针对自理能力较弱的学生进行主题为"如何培养孩子独立自主能力"的家访活动。家长们认为首先要培养孩子的独立意识，这对于孩子来说是受益终身的。其次要培养孩子的动手能力，比如于瀚钦妈妈会在假期旅游时让孩子自行购票，自行整理行李箱；崔雨嘉恒妈妈周末会安排孩子做一些家务。当然，培养孩子的独立能力还应该从制定、规划好每天的生活与学习开始，比如马瑞泽妈妈鼓励孩子把每天要做的事情用小本子按主次写下来，引导孩子自己安排玩耍的时间和学习的时间。总之，家长要多放手，多引导，多鼓励。

针对阅读兴趣不高、阅读习惯较差的学生进行主题为"课外阅读如何辅导"的家访活动。家长们首先提出孩子们在课外阅读方面存在的问题：态度上不重视；没有时间阅读；孩子阅读类型

第五章 教师与家长的沟通形式之三——家访

很单一；喜欢看，但不愿意动脑筋，效果差。

笔者给予以下方法指导：第一是阅读应该由易到难循序渐进。譬如笔者的女儿阅读古典小说是从图文并茂的儿童版开始的，激发她的阅读兴趣比教她阅读方法更好，等她喜欢上阅读古典小说，再由浅入深地推荐书籍。第二，孩子很渴望家长与他交流阅读的感受，我们如何满足孩子的需求呢？我们可以和孩子一起阅读，请孩子为我们讲述读书内容，也可以和孩子一起根据书本内容画思维导图，开阔思维。第三，阅读课外书还有一个方法就是"不动笔墨不读书"，家长要引导孩子圈点、批注、摘抄、分类文章，学会品悟美文，提高鉴赏能力。

针对家长陪伴较少的学生进行主题为"如何陪伴孩子"的家访活动。陪伴是最长情的告白，对于孩子来说，陪伴是家长能给他们的最好的教育。

陶妈妈观点：孩子写作时，我以前会在旁边玩手机，现在我改变自己，在他旁边写书法，和他一起学习。

钟爸爸观点：我工作比较忙，但五年来我坚持每天早上陪送孩子上学，路上一起的时光成了我们父女沟通的美好时光。

周爸爸观点：至少陪他做三件事，一是做早餐，和他分享早餐；二是放学陪伴他做作业；三是周末陪他运动。

高妈妈观点：大儿子读大学后，有了更多的时间陪小儿子，现在每天做早餐给孩子吃，陪孩子聊天。

沈爸爸观点：今年孩子妈妈去杭州出差了，我一个人陪伴孩子，感受更深刻，陪伴孩子的时间很不够，要珍惜、用心。

针对不会规划时间的学生进行主题为"如何指导孩子合理规划时间"的家访活动。平时，教育孩子先完成学校布置的作业，注重效率和质量，再考虑其他活动；培养良好的习惯，上课认真听讲，鼓励孩子自愿限时完成作业；倡导孩子自己安排时间，家长适当地检查计划是否完成及完成质量。

针对二胎家庭进行主题为"我们怎么迎接家里的二胎"的家访活动。家长们初次聚在一起却没有分享二胎经验，而是不停宣泄二胎给家庭带来的冲击，可见，这一全新的话题很有必要探讨。家长们在探讨中形成一些观点：要平等对待两个孩子，不能让大孩子感觉到"被忽略"；要告诉他们两个孩子都是爸爸妈妈的宝贝，只是因为弟弟妹妹小，现在需要更多的照顾，父母不会因为弟弟妹妹的到来而减少对他的爱。

第三节　家访案例

【案例一】

了解孩子，关爱孩子

了解孩子的原生家庭，才能更好地关爱孩子。小杰是班里一个比较特殊的小男孩，特殊的家庭环境、不幸的身世让我至今难以忘怀。

记得刚接班不久的一个中午，班级分发水果出了问题。本来班里每位同学发一个香蕉，小杰利用自己发水果的机会，先吃了一个，这样分下来，就少了一个。慢慢地，我发现，每天中午就餐时，小杰狼吞虎咽吃得特别快，吃完后马上再去打饭，一看就和别的孩子不一样。于是，每天中午的水果，饭菜里的鱼、排骨、鸡腿、红烧肉等，我都找借口多分一点给他。有了这样的互动，他和我的关系慢慢亲近起来。于是，我和养他的奶奶联系并去家访。为了迎接老师的到来，他把自己的房间收拾得整整齐齐，之后还主动邀请我参观他的房间。在我们坐在一起畅谈之后，小杰发生了明显的变化。原来作业拖拉完不成、做事不积极、时常不遵守纪律、在班级里捣乱的他不见了，取而代之的是一个不断进步的他。

通过家访，我了解到孩子真实的成长环境，才真正理解了一个十二岁孩子内心所承受的一切。孩子无法选择父母，无法避免家庭带给自己的不幸。作为孩子的老师，我愿意尽我所能去帮助他、关心他，让他感受到人世间的温暖！

【案例二】
孩子进步，家访报喜是对他最好的肯定

小琦是一个比较聪明的小男孩，父母的文化水平也很高。但是孩子从小跟爷爷奶奶一起长大，行为习惯和学习习惯较差，在学校里我行我素，高兴了能把事情认真做好，不高兴了什么也不做。上学后，小琦和父母住在一起，父母发现孩子有诸多问题并进行教育指导，可是孩子根本听不进父母的话，因此，小琦的父母采取了简单粗暴的教育方式。于是有一天，我和语文老师走进了小琦的家庭。一进门，只见孩子规规矩矩地坐在沙发上，头耷拉着。坐下后，我们首先和家长报喜，说孩子这段时间有进步，语文书写越来越好，数学思维越来越灵敏……慢慢地，我们发现孩子的腰板逐渐挺直了，不再紧张，眼睛里逐渐有了光。

从那次家访以后，小琦变了。他变得能听进老师的话，在学习生活中也逐渐改掉了懒散、耍贫嘴的毛病，而且逐渐严格要求自己，在学习、纪律各个方面均有了明显进步。

家访的方式和手段可以影响家访的效果。家访要求教师在与家长沟通时心态端正，即对学生的爱是发自内心的，是充满善意的，怀有信心的，寄予希望的。同时家访又是以与家长互通信息、

共同促进孩子进步为目的,这就要求教师在家访中讲求谈话技巧,讲究沟通策略。

教师家访是为了沟通信息、交换意见,共同解决问题,从而更好地对孩子进行教育,提高教育的效果,使孩子在学习和生活上进步。假如教师在家长面前一味指责、大谈学生的不是,结果只能引起家长的反感,从而对孩子蛮横指责或粗暴痛打。这样,不但无法达到教师的家访目的,还会引起学生的不满,认为教师是借家长压服自己,从而对教师产生抵触情绪。在这种情况下,教师和学生之间的关系很容易冷淡,甚至冷漠。有的学生可能理解不了教师的苦心,甚至会对教师采取仇视的态度,影响教师在其他学生心目中的形象。

【案例三】

包容接纳,真诚帮助

2017年9月,因学校工作需要,我接手了一个新班。这个班整体情况比较复杂,特殊的孩子相对比较多,小雨同学就是其中一个。刚接班时,我找了几个同学到校帮忙整理新教室,小雨也报名来了。整理完后,我让同学们回家后在群里接龙报个平安,这时小雨说:"哎呀,老师,我得晚上9点才能到家。"我一听,愣了,当时第一反应就是:这个孩子的家离学校有那么远吗?后来了解到他要去学国际象棋,上完课回家大概就是这个时间。也就是这样一个小插曲,让我对他先多了一份关注。

果不其然,开学还不到一周,一天早晨,小雨在上学的路上和父母发生争执,自己下车走了。在和他的父母沟通交流的过程中,我发现小雨的父母在孩子的教育方面存在很多问题。父母两人对待孩子的态度截然不同,爸爸对孩子要求严格,妈妈对孩子

第五章 教师与家长的沟通形式之三——家访

比较纵容。在孩子出现问题时，小雨爸爸采取了比较极端的处理方法——打。

碰到这种情况，我通常是把一家三口聚到一起，沟通交流做工作，使家长改变自己的错误认知，相互理解，达成共识，共同努力帮助孩子提高。在做小雨父母工作时，每次都是妈妈一个人来学校，但这样无法解决小雨的问题。在我与小雨的交流过程中，他曾说："这样的爸爸不要也罢，我宁肯没有这个爸爸……"听到孩子的话，我的心顿时紧张了起来，到底是发生了什么才会造成这样一种对立关系呢？所以，当小雨出现问题以后，我找孩子的爸爸交流的次数多了起来。一开始是微信交流。后来，在我们学校闫校长、温主任的共同努力下，才把这位爸爸请到了学校。谈话时，夫妻两人相互抱怨，相互指责，相互批评，暴露出很多问题。

有一次，小雨的妈妈出差，走的时候很不放心，告诉我今天爸爸会去接孩子。放学时我告诉小雨，谁知他坐在教室不走了。我非常清楚地记得，那天下着雨，小雨的爸爸在校门口左等不来右等不来，给我打电话说孩子没下来，我说"你到教室来吧！"小雨的爸爸站在教室门口叫小雨，小雨就是坐在座位上不走。后来，在我的再三追问下，小雨说："我不想跟他回去。"他不说"爸爸"，而说"他"。我问为什么。他说："我不想和他在一起，回去以后他光打我。"这时，我看到小雨眼里的泪花。"爸爸因为什么打你？""有时作业写得不好打我，做错题打，说错话打……并且在12点以后打，还不让睡觉。""怎么打？"小雨说："生气时身边有什么就用什么打，经常是从床上捞起衣服就打过来。"从这段对话中，我知道，孩子是因为恐惧才不敢跟着爸爸回家。于是，我就把小雨的爸爸叫到了一边，又开始了一番谈话交流。

我记得当时问的最重要的一个问题是：从孩子今天的表现中，爸爸有没有反思自己以前的做法有什么不妥？这个时候，爸爸没有之前的满腹牢骚了，而是非常诚恳地看着我和小雨。也就是在这天，孩子的爸爸第一次说："以后再也不打孩子了。"但是孩子不相信。我说："咱今天在这说好了，爸爸能做到，以后如果再打你，你给我打电话。"这时孩子说："那12点以后我也能给你打电话吗？"我说："能！"（从此以后，我的手机再也没有关机。）之后，我看了看表，已是晚上7点，我让小雨跟爸爸回去，可是他还是不走。他说："我要去舅舅家！"爸爸说："不行！"两人又争了起来。后来在我的劝说下，爸爸同意了小雨今晚去他舅舅家。

还有一次，爸爸主动找我说想聊聊小雨，我就把小雨叫上一起聊。我和小雨面对面坐好，让爸爸坐在小雨的身边。谁知当爸爸坐下的一刹那，小雨起身坐到门口的位子上，说："我不想靠着他。"一番工作做下来，也没法让三人坐到一起，最后只好一个一个地谈。

从事教师这个的职业，我们会遇到形形色色的孩子、形形色色的家庭、形形色色的家长。在遇到这种特殊情况时，我们要投入更多的时间和精力去帮助这个孩子，帮助这个家庭。可能对于教师来说，这只是我们的某一个学生，但我们没有理由放弃任何一个孩子。

正因这份坚守，在即将小学毕业时，我看到了小雨父子两人一起在教室里整理书包，爸爸指导、孩子点头的和谐场景。在崂山区录制山海大讲堂需要现场观众时，我问小雨爸爸能不能参加现场学习时，他没有任何考虑就答应了，还主动把小雨的妈妈叫到了现场。再后来，小雨毕业以后，我在路上碰到小雨爸爸。他说小雨上了初中以后，学习非常努力，状态非常好，他也改变了教育孩子的方式。说这些时，他整个人看起来很幸福。作为一名教师，看到一个家庭的蜕变带给孩子的巨大转变，应该是最幸福的事。

【案例四】
"爱"是最好的办法

在班主任工作中，我曾经遇到一个极具个性的孩子小希。他上课要么扰乱他人学习，要么情绪低落；下课胡乱打闹，经常和同学闹矛盾，同学们都嫌弃他，不愿和他交朋友；从不做作业，各门功课测试大多不及格……每天不是任课老师向我告他的状就是学生向我告他的状，总之，他是班级有名的"捣蛋鬼"。记得在我接班的第一天，还没放学，一名学生就跑到我面前报告说："小希在班里说，让全班同学、老师都死光光。"这句话引起了同学们的公愤。

在接下来的时间里，我多次找他谈话交流，希望他在学校遵守各项规章制度，能自我约束，调控自己的情绪，以学习为重，做一名合格的小学生。刚谈话之后几天他的表现会好一些，但没过多久就出现反复。

一天，我拨通了他爸爸的电话，想向家长介绍孩子在学校的情况，同时也了解孩子在家的情况。本意是希望家长在家能够多关注孩子的习惯养成、情绪控制、学习自律以及与人交往的问题。谁知，家长却说："朱老师，我现在正在济南出差往回走的路上，如果你想了解孩子的情况，你找孩子以前的老师问就行了。我们不期望这个孩子学习有多好，只要他不给我们惹乱子就行！"听着家长的话，我一时无语，沉默了一会儿，我答道："从以前的老师那里了解到的只是三、四年级的情况，可我想跟你交流的是现在五年级的小希。"说完这句话后，电话那头的语气立马发生了变化："那好，朱老师，我回去之后马上去学校找您。"这是我和小希爸爸的第一次通话。

中午吃完午饭后不久，一个陌生男人就到了我办公室，说自己是小希的爸爸。我一看来得挺快，就问了一句吃饭了没有，这个爸爸说："朱老师，没有，我接到您的电话以后，就加快了速度，直接来学校了。"这时候我仔细打量这个爸爸——他穿着一条牛仔裤，膝盖抠掉几个洞，耳朵上打了好几个耳钉。

寒暄几句后，我就和他交流开学以来我看到的小希的各种表现。然后针对小希出现的问题提出建议，请家长在家配合教育指导孩子，他非常高兴地接受了我的建议。临走时，他握着我的手，说了一句："朱老师，谢谢您！"

后来，我多次找小希单独谈话并走进他家家访，在谈话交流中，我进一步了解到他的家庭情况。原来他妈妈长期生活在外地，他跟随爷爷和爸爸一起生活。爷爷经常外出钓鱼，爸爸经营一家咖啡馆，没有时间照顾孩子。小希长期缺少关爱，他的脾气暴躁，与同学吵架，实际上也是想引起别人对他的关注。

其实，我们想一想，一个十岁左右的孩子，正是需要父母关爱陪伴的时候，却没有得到爱的温暖，真的很可怜！了解到这些以后，我对他的"偏爱"逐渐多了起来。每天我会从家带一点早饭到学校给他吃（那会儿学校还没有早餐）。中午吃午饭时，我把自己餐盘里的鸡腿、排骨、鱼等分给他和班里几个家庭比较特殊的孩子。班级里一些他能做的事情，我十分放心地分配给他并在班里大肆表扬他。慢慢地，他变了⋯⋯

任课老师说：小希进步了，上课能认真听讲，完成作业了⋯⋯

第五章 教师与家长的沟通形式之三——家访

同学说：小希能认真做值日，学会和同学好好说话了，说话声音低了，有时也能宽容待人了……

作为班主任的我看到了小希灿烂的笑容、工整的字迹，认真做纪律监督员，越来越关心班级的事情……

有一年元旦，我们班组织包饺子，小希表现得非常积极，完全融入班级的活动中。吃饺子时，他带的那个碗，我至今还记在心里，我很少见到那么大的碗。他吃得特别快，三大碗吃完又盛了两次，于是我小声地对他说："吃饱就行了，别撑着，待会儿你给爷爷带一碗回去尝尝。"

我清楚地记得那年五一，小希没穿袜子但还穿着一双棉鞋，我就给他爸爸发信息，提醒他周末该带孩子去买鞋了。在他过12岁生日时，我送给他一套《中国通史故事》，我发现他课间和自习课再也没出过声音，一直抱着那套书在看。因为我告诉过他："好好读，下次老师送你《世界通史故事》。"

记得小希毕业后一年多的时候，有一次，在我家小区门口碰见他，老远听他喊："朱老师，我给您说，我在××中学，一切都很好，您不用担心我。"后来我也在上班的路上碰见过他，他老远看见我，就喊："朱老师，我在班里前三名，发展得很好，您放心哈！"

通过小希的事例，笔者更加确信V.A.苏霍姆林斯基所说的"没有爱，就没有教育"。教育的确是心灵的艺术。如果我们承认教育的对象是活生生的人，那么教育的过程便不仅仅是一种技巧的施展，而是充满了人情味的心灵交融，这样教师才会产生热爱之情。对于小希这样特殊的学生，教师唯有敞开心扉，接纳他、包容他、帮助他、鼓励他，以关爱之心触动他，用师爱去温暖他，用情去感化他，用理去说服他，才能促使他迷途知返，成长成才。

【案例五】
耐心宽容，别样关注

　　班级当中绝大多数孩子是智力发育正常的孩子，但也有个别孩子在发育方面存在问题。譬如，我教过一个班，其中一个孩子智力发育存在问题，还有一个孩子患有自闭症。这两个孩子明显跟同龄人不一样。

　　刚接班时，我经常找不到这两个孩子，他们常常做操时自己溜到别的地方玩。尽管如此，我还是在班里做其他孩子的工作，告诉他们这两个同学很孤单很善良，愿意和大家一起玩，并鼓励其他同学和他们玩耍、交朋友，不嫌弃他们。慢慢地，在大课间、午餐、中午活动、下午活动课上也能看到他们的身影。

　　那个智力发育有问题的孩子，整天跟在我的身边。早上来到学校，第一件事就是到办公室看看我来了没有，看到我才安心地去教室。有一天，我请假没来，他在我办公室里转过来转过去，后来就问其他老师，怎么没看见朱老师。中午吃饭分水果喝酸奶时，他总是盯着我，看我领了没有。吃完饭走回教室的时候，他也要和我一起走。他做得最多的一件事就是往我身上蹭。冬天，我穿了一件白色的绒毛衫，他看到就伸手摸并说他喜欢毛毛。

　　在这个过程中，我不断地分析这个孩子。有一段时间，他妈妈来陪读，我发现这个孩子和他妈妈之间毫无亲密感。也就是说，这个孩子缺爱，在成长过程中没有安全感，这对于发育正常的孩子来说都是一种缺失，何况是发育有问题的孩子。作为教师，我只能把自己能让他感受到的爱毫无保留地给他。

　　那个患有自闭症的孩子，也有一些问题。针对这两个特殊孩

第五章 教师与家长的沟通形式之三——家访

子,我每隔两周左右和家长通一次电话或微信交流孩子的情况,在孩子的培养问题上达成共识。我给他们的教育定位就是培养孩子的适应能力,适应在班级里生活,适应和同学们玩耍,进而培养独立的生存技能。多年来,没有一个同学在教室里听到过那个患有自闭症孩子的声音,大家都以为她不会说话,我就经常送书给她,指导家长在家里鼓励孩子读书,并让家长每天给我发视频,由我来鼓励孩子。家长觉得这样会增加我的工作量,很过意不去,就用我的名字申请了一个公众号,模仿老师鼓励孩子。

这样一直坚持了两年,小学毕业时,全班同学听到了她的朗读声。我让孩子们来猜这是谁的声音?当知道是这个孩子的声音时,全班同学异口同声地说:"哇,原来她会说话呀……"每当回想这些经历,我都十分感动。

据统计,在人群中患注意缺陷与多动障碍(俗称多动症)的儿童约占5%,即一所有2000名学生的学校,大概会有100人患这种病,平均到每个班级都会有一到两个。面对这样的孩子,教师首先要接纳他们,结合自己对孩子的了解和家长一起分析,进行适当的行为干预。在沟通交流过程中,可能有的家长不能理解,但是教师一定要耐下心来,真诚与之交流,指导他们,努力为孩子长远一生铺路!

送走了这个比较特殊的班后,笔者接手新班,又碰到了两个特殊孩子,一个患有多动症,一个是智力发育障碍,患有智力发育障碍的孩子基本听不懂别人说的话。同事曾开玩笑说:"这样的疑难杂症只有朱老师能治。"还有的说:"朱老师,你擅长……"笔者对自己说:"你和这样的孩子有缘,他们更需要你的帮助!"也正是因为了解到有这样一部分孩子需要特别的帮助与指导,笔者于 2013 年考取了国家二级心理咨询师证书。

多年来,笔者利用自己的所学帮助班里需要帮助的孩子以及上门求助的朋友的孩子。在这个过程中,尽管很累,但是看到这些孩子的成长与进步,看到他们的家庭逐渐多了一些阳光,我感觉很值得,做老师很幸福!

第六章

教师与家长的沟通形式之四
——微信

第六章 教师与家长的沟通形式之四——微信

微信呈现的是交互式、楼层式对话，文字、图片、音频、视频等可以通过微信快速传递，极大地方便了人们的学习、工作和生活。班级微信群的建立、微信平台的使用，有利于家长及时了解孩子在学校的情况，对孩子的教育问题做出适当反馈和调整。

同时，教师在班级微信群里及时发布班级动态，有利于教师及时与家长交流沟通，调动家长参与班级活动的积极性，大大增强了班级的凝聚力。有人把班级微信群比作家校之间的桥梁，也不为过。在班级微信群中，要多鼓励，多表扬，多肯定。如果孩子的确存在问题，那么教师可以与家长私下交流。

以下是部分信息交流案例。

【案例一】

感谢帅气睿智的张鹭老师、年轻漂亮的蓓蓓老师以及其他各位老师为四班孩子们的辛苦付出！感谢各位家长的热情，相信四班的孩子们也会热情满满！今天，我们因孩子相识相遇，后面随着交流，我们还会进一步相知。为了孩子，愿我们能够坦诚相待，家校合育，共同做好孩子的教育引领工作。

临近开学，请大家调整孩子的作息时间，督促孩子将假期布置的各项功课根据清单整理好，于9月1日8:30返校时带回学校。新学期，我们的新教室已搬到前三楼最东侧教室，明天下午2:00，需要10人帮忙打扫卫生，整理教室，时间大约1小时。有时间的孩子请在群里接龙吧！

【案例二】

各位家长，晚上好！

昨天和张老师交接时就听说咱班孩子和家长很积极。今日一见，果真如此！下午，他们帮大家把原教室的物品搬到新教室并一一整理好，又把咱们的新教室里里外外擦了个遍，个个累得满头大汗，但没有一个人喊累！为我们的家长、孩子们点赞！我从我们家长和孩子身上能深深感受到我们这个大家庭的团结积极、热情向上、满满的正能量！

在此，表扬广峻、菁欣、世豪、尚泽、一丹、张涵、如欣、宜萱、浩瑞、瀚钦10位同学如约来到教室！感谢菁欣爸爸、张涵爸爸、尚泽妈妈、宜萱妈妈、浩瑞妈妈、瀚钦妈妈、厚润妈妈对班级事务的热心支持与辛苦付出！感谢瀚钦妈妈把窗帘带回去帮大家洗干净，真诚感谢各位热心的家长！相信孩子们坐在窗明几净的教室里一定会身心愉悦！

新学期，新开始，我们携手努力，助力孩子成长！

【案例三】

三位好！为了帮助记录孩子成长的足迹，初定咱们三位为家委会编辑部成员。非常感谢大家支持，踊跃报名。其实，我们班有许多家长向我推荐三位，我们先运行起来，后续有合适人员，我们再加。这样，就先辛苦各位啦！如有技术咨询需要，可以问我以前班级的家长。

【案例四】

在编辑部爸爸妈妈前期精心策划筹备下，咱们的班级微信公众号终于和大家见面啦！我想大家看到自己孩子幸福的笑容，听到他们甜甜的声音，心里一定也是美美的！让我们一起感谢为之辛苦付出的编辑部的爸爸妈妈们，感谢他们的倾心倾情倾力付出！

【案例五】

各位家长，上午好！新学期经家长自愿报名及大家推荐，我们班家委会、编辑部成员确定如下：

家委会成员为高远妈妈、任悦嘉妈妈、李厚润妈妈、谢沛霖妈妈、徐梓嘉妈妈、马菁欣爸爸。

编辑部成员为于瀚钦妈妈、马宜萱爸爸、于子洋妈妈、辛飞彤妈妈。

经大家推荐，高远妈妈为班级家委会主任。

经学校审核，张梓桐爸爸为校级家委会主任。

希望大家多支持配合家委会工作，在家委会的带领下，大家凝心聚力，团结协作，为班级孩子发展献计献策，创造良好的成长氛围！为无私热心、胸有大爱、甘愿为孩子们辛苦付出的家长们点赞！感谢大家对学校和班级工作的支持！

【案例六】

感谢家委会爸爸妈妈们精心筹备本次活动！陪伴孩子参加活动是培养良好亲子关系的契机，为陪伴孩子活动的爸爸妈妈们点赞！希望孩子们能准时到达集合地点，参观时文明守纪，认真听认真记，在活动中丰富自己，了解青岛70年来的巨大变化。参观后，请孩子们将自己的收获记录下来，发在班级微信群。班级公众号在编辑部爸爸妈妈的辛苦付出下已良好运转起来，他们会随时记录孩子们成长的足迹！预祝活动圆满顺利！

【案例七】

各位家长，下午好！以上是新学期值日表，请大家让孩子们看看，周二需要调出一人到周三，能进行调整的请在群里说一声或周一告诉我。从下周开始，按照新的值日表开始值日，并按表中放学时间和地点接孩子。请各位家长知晓！

【案例八】

各位家长，下午好！转眼孩子们升入四年级已有两周，现将开学两周以来的情况做简单反馈，请各位家长重视、了解孩子目前的学习情况。

1. 班里绝大多数孩子上课听讲比较认真，会倾听别人发言，做事专心有耐心，但有个别孩子在课堂上学习不专心，做小动作，需要老师多次提醒。我想孩子在家做事时也会有如此表现，还请家长在家加以关注，重视孩子的习惯养成。

2. 作业得星的孩子越来越多；部分书写不过关的孩子需要重视自己的书写质量，并养成主动改错的好习惯。

3. 两周来，有个别孩子出现不带作业、落作业现象，希望这些孩子从下周开始不再出现类似情况。《数学同步》得C的孩子需要好好复习，认真把作业改好。请家长加以关注！

4. 今天早晨有5名同学迟到，原定7:40拍集体照，因这5名同学延迟了10分钟。希望孩子们能养成守时的好习惯。

5. 以上是孩子们上周跳绳成绩统计，为一直坚持锻炼的孩子点赞！也希望运动能够成为我们生活的常态！

最后祝大家中秋快乐、阖家幸福！

【案例九】

各位家长，近期学校发现部分学生进校时间越来越早，有的在7:00已经到校了。这个时间教师还没上班。请大家掌握好孩子的到校时间，保证孩子安全。如果确实需要早到校，请家长将以上表格填好私信给我，并嘱咐孩子到校后不乱跑乱跳，注意安全。

【案例十】

各位家长：

接教育主管部门通知，为确保孩子人身安全，台风来临这几天不要让孩子外出。自8月11日起至8月13日，请家长们每天以接龙的方式上报学生安全情况，有事报情况，无事报平安。每天下午4点前上报班级，4点半前，班主任汇总上报学校。极端天气，请大家一定注意安全，做好以下几点：

1. 暴雨期间尽量不要让孩子外出，注意人身安全。

2. 雷电交加时应拔下各类电器插头；屋内进水时，应立即关掉煤气阀门和电源总开关，以免触电、失火。

3. 在台风、暴雨来临之前，收拾、清理好阳台（露台），并将放置在走廊栏杆及窗台上的花盆、衣物等各种物品移至室内，避免坠落伤人。

4. 请检查并紧固室外遮阳棚、太阳能热水器、空调外机及其他物品，并妥善停放好您的汽车及其他交通工具，慎防财产受损；

5. 检查、疏通自用部位的阳台（露台）地漏、下水管道等，确保雨水、污水排放畅通；台风、暴雨天气期间尽量减少外出，关好门窗，关闭电源及燃气，防止发生意外。

【案例十一】

各位家长，下午好！忙碌的一学期即将结束，在家长们的关注、引导、督促下，孩子们在原有基础上都有了很大的进步与提高！期末考试已结束，不管孩子考的结果如何，请家长们都给孩子一个大大的拥抱：考得好，鼓励孩子继续加油；考得不好，加倍努力！

相信有我们家长的陪伴和支持，明年毕业考试时，孩子们会给自己一份满意的答卷。

本学期结束也是新学期的开始，这个寒假，是孩子提升能力、查漏补缺的好机会。根据学校工作安排，我们决定于下周一（1月21日）下午2:00在本班教室召开家长会，届时请家长和孩子一同参加，请孩子们自带小凳准时参加。

【案例十二】

今天开完家长会，咱们班的家委会成员又主动留下来，就班级学习小组划分及如何帮助提高孩子们的学习积极性进行讨论交流。各位家委会爸爸妈妈为了班级孩子们真是费心啦！他们每一位都胸有大爱，心里装的不只是自己的孩子，还有班里四十多个孩子。为他们的无私奉献、辛苦付出点赞，也请大家表达出对他们的感谢与肯定，这也是家委会爸爸妈妈们后续工作的动力！也愿大家能够同心同力，一同助力孩子成长进步！

因时间关系，今天家长会上，体育张老师、美术朱老师没有与大家当面交流。现将两位老师的发言稿转发给大家，请大家认真阅读！

体育张老师：

1. 表扬孩子们此次国家体质健康测试及格率达到百分百（免测除外）！

2. 通过体测发现，部分同学体重增长过快，现阶段营养都足够，希望各家长对体重这件事提前关注！

3. 各年龄段有个身体素质发育的黄金期，四年级孩子是力量素质跟速度素质发育最重要的时期，我们要加强这两项训练！错过该阶段虽可提升，但不能完全弥补！需要强调的是，同学们在学校内的锻炼时间还是太少。

4. 家长要多陪伴孩子运动。在运动中，孩子能展现真实的自我，家长也能更进一步了解孩子，帮助孩子建立更好的人生观、世界观。在运动中有身体接触的陪伴才是最好的。一定要抽时间陪孩子一起锻炼！

5. 通过锻炼提升孩子坚强的意志品质，通过规则教给孩子令行禁止的意识。

6. 慢慢学会自我锻炼，养成终身锻炼习惯！

美术朱老师：

尊敬的家长们，大家好，我是咱们班的美术老师。我很高兴的是，这学期孩子们上课的表现与之前相比有了很大的进步，尤其是在准备学具方面，有了家长们的大力配合，孩子们都能准时带来美术工具，并按照要求学习。但是，这学期我让他们自主管理美术图画本，总有几个孩子把本子丢失或遗忘在家里。请家长务必监督孩子，以免遗漏在家，如果本子丢失，需要补齐一学期的画，所以尽量不要遗失。另外，近期要填写艺术素养手册，需要您提前给孩子冲洗出看展览或欣赏音乐的照片，尺寸为横版 8cm×10cm。

为认真负责的老师们点赞！

【案例十三】

今天有 19 位爸爸来参会，这是我第一次遇到有这么多爸爸关心支持参与孩子的家长会，真诚为我们班的家长点赞，为热心的爸爸们点赞，更为一直为孩子默默付出的妈妈们点赞！在孩子成长过程中，好多家庭因父亲缺位造成了教育的缺失。还好，从今天的情况看，我们班父母都共同参与孩子成长。期待读到各位爸爸的参会感想（现已收到两位有文采的爸爸的心得）。

【案例十四】

各位家长，晚上好！到目前为止，我已收到十多位家长写的心得体会，每一篇我都认真读过，看得出我们家长的用心与真诚。我从咱们家长的文字中读到了大家内心的所思所想以及今后想要努力的方向。后面，在做孩子思想工作的时候，我也会时常鼓励孩子写出自己的真情实感、所思所想。今天家长们的心得，就算是给自家孩子做的榜样，期待读到更多精彩美文！

【案例十五】

这是一篇优秀的育子心得！从瑞江妈妈的文字中我们可以读出她发自肺腑的真诚，只有正视问题才能解决问题，为瑞江妈妈的坦诚点赞！也希望我们四班家长都能像瑞江妈妈一样拿起笔来写出自己的真情实感！

【案例十六】

各位家长，晚上好！和大家聊几句，顺便向大家反馈近几天孩子们的学习情况：

1. 班里孩子对待学习的重视程度普遍提高，学习成绩稳中有升。

2. 多数孩子学习自律性越来越强，从孩子们的表现中，我能感受到他们从内心意识到学习是为自己而学。在学习过程中追求卓越、有耐心的品质，在部分孩子身上已体现出来。我想，培养孩子良好的品质应该是我们培养孩子的终极目标。

3. 临近毕业考试，有的孩子行为散漫，无视规则。今天下午我布置教室考场，科学课王老师带领孩子们去实验室学习，有几个孩子却溜走了。请这几位同学好好想想自己做得对不对。

小学阶段的结束也是初中学习的开始，小学学习过程中的经历经验将直接影响着孩子们的后续发展。希望孩子们毕业时不仅仅是在学习上取得优异成绩，还能在老师、同学、朋友的心中留下真诚、坦荡、友善的美好印象。

4. 复习这段时间，大部分孩子能静下心来，全身心将精力投入学习中，每次的测验成绩便是最好的说明，但有部分孩子总是做事拖拉，也正因为一次又一次的拖拉，导致自己每一次都落后。希望各位家长能重视孩子的这种行为表现，对孩子加以正确引导，争取今日事今日毕，习惯成自然。

周末小长假，还请大家帮忙督促孩子按照各科老师要求，做好复习安排，按时间节点要求做好各科各项作业。期待下周一的三模考试看到孩子们的进步！

【案例十七】

各位家长，晚上好！明天的小学毕业典礼是孩子们人生中第一个比较隆重的毕业典礼，下面有几件事和大家交流：

1. 今晚让孩子们把这三首歌练练、唱唱。

2. 周一早上孩子们7：30到教室，上衣穿夏季班服（白色T恤），下身穿秋季校裤。周一来时记得带着六年级上下册科学书，循环使用！请家长提醒孩子现在就将科学书装进书包吧。

3. 请家长明天11：30接孩子！

4. 明天毕业典礼走红毯，张校长会给大家颁发毕业证书，我们以部为单位领取，顺序依次是：宣传部8人，卫生部7人，纪律部7人，学习部6人，后勤部6人（后勤部调2人到学习部），体育部 8 人。各部同学按高矮顺序站成两列，领到毕业证书后，自动站到校长两侧，手捧毕业证书与校长合影。

5. 毕业典礼过程中，请同学们自觉遵守纪律，用心感受典礼的过程。典礼结束后，我们有序到音乐厅门外的签字板上的合影空白处签字留念，然后在和和（男）美美（女）学生证旁边拍照。

6. 典礼结束后，家长们可以根据实际情况，为孩子安排丰富多彩的假期生活，一定做好孩子的暑假安全指导教育。在此，真诚祝福孩子们初中学习生活愉悦！感谢各位家长对学校、对班级工作的支持与配合，祝福大家家庭幸福、万事如意！

【案例十八】

郭熠佳妈妈：大家好！近日看到很多孩子都在新的学校展开自己的军训生活，愿大家在自己的学校大展拳脚。因为微信规定公众号长期未更新会被注销，为了给孩子们留下那些美好的小学记忆，我在考虑把目前的公众号更改为初中的名称与内容，这样所有发布过的信息就可以一直保存在历史记录里面。另外，为了方便大家收藏与查看小学的信息，我将在最近一段时间整理咱们所有的内容，集中在一个页面中。大家可以收藏以下页面，所有更新会保存在里面。

朱晓芬：熠佳妈妈真是一个善于思考、乐于奉献的人，感谢您多年来为孩子们默默辛苦付出。就如熹谚妈妈所说，咱们班的家委会的确给力，感谢大家一直以来对学校、对班级工作的大力支持与配合！

又到一年开学季，孩子们已陆续开始军训，这预示着初中生活的开启。在此，真诚祝愿孩子们在新的学校努力向上、坚强坚毅，期待三年后的中考、六年后的高考听到孩子们的捷报，祝福大家家庭幸福！

【案例十九】

家长：

您好！我是朱老师，开学已接近四周的时间，现将开学以来孩子们的表现做以下反馈：

1. 大部分同学上课听讲认真，发言积极，学习态度端正，书写质量及作业格式有了很大的变化，但也有部分孩子的书写质量仍需提高。如果在小学阶段不好好练字、写字，上了初中、高中更没时间去练字了，希望各位家长能够在家多督促，严抓孩子的书写，争取养成良好的书写习惯。

2. 在各位家长的督促与配合下，孩子们的口算作业有很大的进步。计算能力的提升不是一天两天的事，而在于坚持不懈！

3. 参与活动的积极性有所提高。下周学校举行运动会，好多孩子积极报名参加，显示出孩子的自信。希望家长能多鼓励孩子，积极参与学校、班级组织的各项活动，使他们在活动中提高各方面的能力与水平。

4. 班级同学能够和谐相处，尤其是男生和女生之间。昨天班会课上，我就男生和女生之间的交往做了一些指导，对女生单独召开了一个小会，希望家长多和孩子交流，及时了解孩子最真实的想法，做好教育指导工作。

5. 由于昨天停水，我临时成了孩子们的"烧水师傅"。当他们把杯子放在我眼前时，我发现好多孩子的杯子是塑料的，从健康角度讲，塑料杯子不太适合长期使用，希望家长多了解这方面的信息，根据情况及时更换。

6. 近几天，由于天气变凉，有个别孩子感冒，请家长提醒孩子早晚及时添衣，以防受凉。

7. 在后面的学习过程中，我会对孩子提出不同的指导和要求，比如，做好个人卫生，自己的书桌、书包是否整洁，与家人相处时能否听进别人的建议等，请家长及时关注并评价反馈。这样做的目的只有一个，希望我们家校密切配合，做好孩子的教育指引工作。

相信有您的支持与配合，孩子们的变化会越来越大！让我们共同努力吧！

班主任：朱晓芬
2013 年 9 月 26 日中午

【案例二十】

家长：

您好！我是朱老师。今天和孩子们一起参加了学校组织的秋季运动会，孩子们在场上的努力、拼搏，场下的呐喊助威，让我感动，也让我感受到班级的凝聚力在一步步增强。身体素质、运动能力的提高不是一天两天的事情，希望我们多鼓励孩子参与运动，养成锻炼身体的良好习惯，以增强体质。国庆节休息时间表已下发，请家长在家一定注意孩子各方面的安全教育。

班主任：朱晓芬
2013 年 9 月 30 日

【案例二十一】

家长：

您好！

下面将周五家长会情况，做以下反馈：

1. 本次家长会，有三位家长没有参会，其中有两位来校请假。请没参会的家长及时找老师沟通，了解家长会内容。

2. 今天，与孩子们进行了简单交流，并查阅了孩子们的数学日记，发现这项作业的质量相差较大（有十个孩子没有带来这项作业），今天已在班上进行交流反馈。请您与孩子交流作业情况，并签名评价。

3. 家长会后，有三个孩子没有从家长那儿了解到家长会内容，以及您对孩子的指导与引领。希望家长能够在最佳时机，与孩子进行沟通交流，以建立良好的亲子关系。相信用心付出会使孩子有更多的精彩表现！

4. 温馨提示：随着天气变冷，我校于明天开始冬季长跑活动，请为孩子准备合适的衣服、鞋子和手套，并鼓励孩子积极参与，以提高自己的体质、磨炼自己的意志！如有特殊情况，请为孩子写好假条。

相信有各位家长的支持与配合，我们的工作会做得更好！

班主任：朱晓芬

2013 年 11 月 18 日

【案例二十二】

家长：

您好！

时间过得真快，转眼一学期结束了。这个学期，在各位家长的大力支持与配合下，孩子们悄悄发生着变化。好孩子是夸出来的！请您以一种欣赏的眼光，看看孩子在本学期都有哪些变化，并想一想在新的学期，您对孩子有什么新的期望和要求（便于我们新学期工作的开展），和孩子面对面真诚地谈一次心。关于这一点，我会指导并要求孩子在假期做好新学期的规划。请家长利用好假期时间，多陪伴、鼓励孩子参加社区志愿者服务活动。请每位学生到所在社区开展助老扶幼、助困扶弱、清理垃圾、环境保护、公益宣传、社区保洁、社区陋习纠察活动等各种形式的志愿服务活动，并拍照发到朱老师邮箱，活动结束后请家长进行评价。相信有家长的关爱、鼓励与支持，孩子们会更自信，做好该做的事情！

在此，祝各位家长新春愉快、工作顺利、万事如意！祝同学们假期快乐、充实！

班主任：朱晓芬
2014 年 1 月 16 日

【案例二十三】

尊敬的家长：

您好！为了让同学们了解爱护眼睛的重要性，懂得如何保护好自己的眼睛，知道怎样做才能更好地预防近视，我班定于11月5日下午2：00至3：00在一（2）班教室召开"爱眼护眼"主题活动。请您在下午1：55前准时到校参加，以做好孩子在家读写姿势的指导与监督，帮助孩子养成良好的读写习惯。

为确保校园安全，请您进入校园时务必持本通知单，否则保安不予放行。谢谢您的配合！祝工作愉快，万事如意！

崂山区实验小学一年级二班
2015 年 11 月 4 日

第六章 教师与家长的沟通形式之四——微信

【案例二十四】

尊敬的家长：

您好！新年即将来临，为了让学生更好地感受节日的欢乐气氛，了解新年的习俗，使孩子在活动中得到锻炼，增进孩子与家长的交流，我们一年级级部将于12月31日下午1:00到3:00开展亲子贺新年活动。请您在12:50之前到各班教室准时参加活动，和孩子共享节日欢乐。

为确保校园安全，请您进入校园时务必持本通知单，否则保安不予放行。谢谢您的配合！祝工作愉快，万事如意！

崂山区实验小学一年级
2015年12月30日

【案例二十五】

家长：

您好！为使孩子感受中华优秀传统文化——端午节习俗，我们二年级级部将组织孩子们进行包粽子体验活动，非常感谢您的积极参与和支持！请您于5月25日上午10点前到达本班教室，对孩子们进行包粽子的指导，包粽子活动大约11点结束。

为确保校园安全，请您进入校园时务必持本通知单入校，否则保安不予放行，谢谢您的配合！

崂山区实验小学二年级
2017年5月24日

班级微信群，架起了家校沟通的桥梁。作为班级微信群管理者的班主任要切实担负起责任，制定公平合理的群规，邀请有见识、有担当的家长参与辅助管理，认真加强班级微信群管理。鼓励家长在微信群中分享与孩子教育相关的文章、好的做法，大家相互学习相互鼓励相互督促，让微信群更好地服务于教学工作，使家校之间达到"平等对话、无限沟通、思想融合、积极互动"的理想境界，从而更好地推进家校工作的开展，合力助推学生的健康发展。

第七章

教师与家长的沟通形式之五
——阅读、写作、书信等

第七章 教师与家长的沟通形式之五——阅读、写作、书信等

鼓励家长阅读并对照思考自己的家庭教育，事实证明，这样做的效果非常不错。许多家长都开始反思自己的教育，并决定重新审视自己的孩子，改进和孩子的关系。

【案例一】

朱柯晓家长读《优势教养》有感

最近读了墨尔本大学心理学教授莉·沃特斯的《优势教养》，这本书主要讲述了如何发掘孩子的优势，如何正向培养与激励孩子。

"木桶原理"，我们大多都很熟悉。一个木桶承载水的高度，是由最短的那根木头决定的，所以要弥补自己的劣势，克服缺点才能走向成功。记得以前做学生的时候，我的老师就常提起"木桶原理"，强调一定不要偏科。这个原理有一定的道理，但人跟木桶不一样，这个类比有很大的局限性。在我们实际的育儿过程中，如果按照"木桶原理"补短板，只将注意力放在孩子的劣势上，每天关注消极面，长此以往，孩子的自信心会慢慢被摧毁，对原本感兴趣的事情逐渐丧失兴趣，"改造"实践只会以失败告终。只盯住缺点，会让养育变得艰难。

作者提出把大部分的注意力放在帮助孩子发挥优势，而非减少劣势上。这意味着从"关注负面的倾向"转变为"关注正面"。比如，大家可以自己测试一下。

想法A：我的孩子诚实善良，但他是个学渣。

想法B：我的孩子是个学渣，但是他诚实善良。

同样的现实状况，不难看出哪种思考方式更积极。事情没变，当我们转变观念的时候，就不会再跟孩子较劲。但我们人的天性就是容易把注意力集中在事情不好的那一面。孩子考试99分，非

常好，但你的注意力可能会集中在错的那1分，而不是正确的99分。我们父母焦虑的缘由之一，就是下意识地抓住孩子的短板自寻烦恼。人生不是赛场，没有常胜将军，就算要比，也可以想想"田忌赛马"。看到优势，发挥好优势，家庭育儿会豁然开朗。

我们常常把孩子的优势当成理所当然的事情，这其实是一种失误，会错失利用优势走向乐观、坚韧的良机。个性优势在帮助我们培养表现优势方面发挥着巨大的作用，通俗来讲就是好的性格能够帮助我们获得好的才能。优势不单单是英语有多么流利，做多少数学题，很多优势是更有意义也更关键的，比如，勇气、博爱、智慧、同理心、正义感、自制力、好奇心等。我们发掘优势的三个要素包括擅长、充满激情、愿意做。一些孩子可能成绩平平，但对某项事物十分了解，如数家珍。用世俗的眼光来看这些知识也许"没用"，将来无法赖以为生，但它展示出孩子的学习和接受信息的能力。我们每次为孩子的成绩停滞不前而焦虑时，不妨想想，是不是没找到孩子的兴趣点，没有激发他的学习能力？

当然，从优势出发并不意味着忽视缺点。世界不是非黑即白的，强调重视优势，也不代表对劣势视而不见，而是要让孩子意识到自己是有优势的，建立起自信心，体验能让自己充满激情的东西，变得乐观和坚韧，这些品质恰恰能够减少劣势的影响。通过优势来建立自信心，从更宏观的角度来看待缺点，从优势出发帮助彼此成长。

让家长写作，就是让家长随时反思自己的教育。所谓和孩子一起成长，其实就是一起反思。笔者提出让家长提笔写作时，许多家长都觉得为难，觉得没有时间写或者不会写。后来，笔者把班里第一位家长写好的教子心得发到群里共享，并鼓励大家像这位家长一样拿起笔来写出自己的真情实感。由此，笔者陆续收到全班三十多位同学的家长亲笔写的教育心得。

【案例二】

陪着孩子慢慢成长

我自信地以为自己是一个重视教育的家长。从孩子上一年级起，对孩子的学习，我就事必躬亲，严加看管，付出很多，但收效甚微，孩子的成绩时好时坏，很少达到令我满意的程度。我曾调侃地和孩子说，我们一直处于追赶别人的状态，算是给孩子和自己鼓励和安慰，而实际上我心里有些无奈。孩子写字不好，我给他报过两次辅导班，其中还拿出一个寒假的时间天天去练习，但他依然书写不好。我也买过各种辅导资料，让他加班加点地练习，他的成绩只是小幅进步，一旦不练习了又会下滑。我知道小学的学习不应该采用题海战术，这不是长久之计，也不是解决问题的办法。对于孩子生活和学习中表现出的粗心大意、丢三落四，我也严厉批评，有时气急了还会动手打孩子。最终，孩子的问题依然在那里，并没有得到很好的解决。所以，我不停地寻找原因和解决问题的方法。

通过和班主任、一些有经验的家长交流，我反思自己在教育孩子方面存在的一些问题，希望做出自我改变。

首先，应该转变自己的观念。

无论愿不愿意承认，我都把成绩摆在了第一位。孩子成绩好，感觉自己脸上有光；孩子成绩不好，感觉自己抬不起头，人前也不好意思提孩子的成绩。所以，我有意无意地就非常关注孩子的成绩，急功近利。孩子成绩好，我就开心；考得不理想，我就万般焦急，发脾气，心灰意冷。这些情绪都会传染给孩子，也会把孩子带到关心成绩的路上来，而忽略了关注学习本身。这个学期，我在慢慢地改变自己的观念，提醒自己关注成绩所反映出来的背后的问题，而不是成绩本身。不能用成绩单一地评价自己的孩子是好或者不好。在这个问题上，要和孩子认真探讨，也要让孩子对成绩有正确的认识，同时自己必须要坚定信念，有主心骨，而不是被周围的观点所左右。意识到是一回事，做到是另一回事。这次考试在得知孩子因粗心和审题不细被扣了9分之后，我又开始低沉了，我应该警醒自己的这些苗头。孩子是自己的一面镜子。他经常说："妈妈，我做完了作业还可以做点别的作业。"我之前经常表扬他刻苦努力。而实际上，这是我上文提到的错误认识——额外练习对他的一种影响。如果今后他再这样说，我会说，这样很好，不过要记住，好习惯是一棵大树的强壮根基，巩固练习是锦上添花，应该先弄清楚它的主干和枝叶。

其次，注意发现孩子存在的习惯问题。

在这一方面，我特别感谢班级的老师，特别是朱老师，从她们真诚的话语中，我能了解到孩子在学校的真实表现，结合他在家的表现，可以发现孩子在行为习惯方面存在的问题。在这个过程中，我体会到家校是一个合作的关系，家长和老师是真诚交流的伙伴。作为家长，我特别希望了解孩子在学校以及课堂上的表现，因为这些可以为家庭教育提供方向。比如孩子爱跷二郎腿、趴桌子，在家里也是，但这并没有引起我的注意。通过和老师交流，我发现这是个问题，这样的上课状态一定是不认真或者精神不振的状态。所以，我和孩子约定好，互相监督，看看谁能抓住对方的二郎腿。我们还采用了积分制的方法。通过一段时间的坚持，孩子在家里跷二郎腿的次数少了。这是我这段时间比较欣慰的一件事。

考试所反映出来的习惯问题还有很多，例如考试粗心问题，

第七章 / 教师与家长的沟通形式之五——阅读、写作、书信等

注意力不集中等。我家孩子还有爱插话的不良习惯，所以，我和孩子约定，互相认真倾听，不插话，希望能够帮助孩子改掉这个坏习惯。孩子有问题一定有家长的原因，在书写潦草方面，我是有责任的，比如孩子作业写到晚上九点，因担心睡眠不足，我催促他快点写完，赶紧睡觉。这个时候孩子也应付了事，字也飞起来了。其实，我应该先弄清楚孩子写作业到九点的原因。周末的时候，我经常说快点写完作业，好干某事某事，总是在催促孩子写作业，忽略了作业的巩固功能。孩子身上还有类似于抠牙、抠鼻子、上课坐不住等坏习惯，都需要我们家长帮助孩子去克服，是生理上的问题，要寻求医生的帮助；是心理上的问题，就要家长运用自己的教育智慧去帮助孩子；如果是时间问题，就要静候孩子慢慢长大，而不去揠苗助长。

最后，在矫正孩子坏习惯时要注意方式方法。

我常不屑邻居辅导孩子时的大呼小叫，可是有时我也会变成她，我的辅导方式有时也过于简单粗暴，因为简单粗暴不用动脑筋，当然效果也差。虽然我常告诫自己要控制情绪，但有时还是做不到。朱老师提醒我，同样的问题，同样的话语，也许我们换一种说法，孩子会更容易理解和接受。不要总是斥责孩子的错误、粗心，而要教给孩子如何去做。换句话说，教给孩子正确的做法永远胜于训斥孩子的错误。如果家长也不明白原因，一定要和孩子一起积极探讨原因。不能控制不住情绪，为自己的思想懒惰找借口。我认为这是一个合格家长必须克服，必须做到的。在孩子成长的过程中，学习教育艺术，运用教育智慧，对家长来说也是一次成长和进步。曾经看过的一篇文章《妈妈也是第一次做妈妈》讲的就是这个道理。回头想想，自己做家长并不算合格，又怎么能要求孩子优秀呢？

和孩子一起慢慢成长，我要做到心态不急不躁，态度积极主动，方法灵活多样，才能应对成长过程中遇到的方方面面的问题。谨以此文告诫家长之路上跌跌撞撞学习的我，和与我有同样境遇的朋友们共勉！

【案例三】
陪孩子一起成长

如欣的小学生活已经近四年了，看着她的成长和进步，快乐与苦恼，作为家长既有欣慰，也有焦急，更有骄傲。综合几年来的情况，我有一些体会。

一、多陪孩子

经过近三年的时间，如欣已逐步适应了小学生活和节奏。我们能做的就是照顾好她的起居，保证合理健康的饮食，还有陪伴在身边，信任她，鼓励她，给她学习的动力，让孩子知道父母一直在她的身边，那么，孩子也就会安下心来，去除浮躁，踏踏实实地做好自己的事情。

二、理解并鼓励孩子

有时孩子成绩不理想，自己也很难过，我会先安慰她，然后和她一起分析原因，鼓励她拿着试卷找老师帮助分析，让她知道自己的问题所在，哪些地方还需要加强。另外，我偶尔会对孩子说点善意的谎言，比如告诉她今天妈妈和老师沟通了，老师在哪个具体方面表扬她做得不错，需要继续努力。多给孩子一些正能量，激发孩子的学习斗志，让她知道现阶段的主要任务就是学习，而且要以学习为乐趣。

三、制定规矩

什么时间该做什么，该玩的时候就放松地玩，但是学习的时候就要认真对待。爱玩是孩子的天性，那我们就拿出周末的一天，规定只要完成了作业，剩下的时间都由孩子自己支配。这样孩子就不用担心被批评，娱乐完之后，会更有效率地学习。孩子今后需要改进的地方也不少，最重要的是要做到以下两点。

1. 一定要有健康的心理、乐观开朗的性格，不能自暴自弃，也不能骄傲自满。即使暂时不能取得优秀的成绩，但一定要保持活泼健康的心态。学习是重要的，但不是唯一的。适度的锻炼，合理的饮食，良好的心态，是孩子取得好成绩的前提和保证。我看过许多例子，名校的尖子生因为不健康的心理做出后悔一生的事，或对他人或对自己，做出让父母、老师和同学难以接受的事。我们都不希望自己的孩子将来成为那样的人。我们希望自己的孩子是一个健康、正直、善良、热心、开朗的孩子。

2. 要养成良好的学习习惯。鼓励孩子有不明白的问题多请教老师。学校有这么多优秀的老师，每一个老师都非常认真负责地对待孩子，也愿意帮助孩子解答问题。养成有问题就问的习惯，也会让孩子上课更专心地听讲，跟着老师的思路走。当堂的问题当堂解决。每天回家先复习当天老师所讲的功课，然后再做作业。尽量省出时间预习一下第二天的课程。

其实，现在看来，这几年中并不是只有孩子在成长，我们家长也在成长。每一个孩子都是一朵含苞待放的花，希望家长能做到静待花开。

【案例四】
重视习惯养成，助力孩子成长

当好孩子的第一任老师是我们每一位家长都要经历的事情。当我们的孩子呱呱坠地的那一刻起，我们就要责无旁贷地承担起养育和教育他的责任。说到孩子的教育，每一个做父母的都有一肚子话要说。虽然家庭情况不同，教育方式也各有千秋，但家长都希望自己的孩子能快快乐乐地健康成长。作为父母，我们究竟应该怎么教育孩子？我曾经为此买了很多书，看了很多视频，请教了许多同事。孩子一天天长大，可是我心里依然不敢有丝毫的松懈。回顾孩子的成长过程，有成功亦有不足。成功得益于以下三点的坚持：

一、陪伴

真正意义上的陪伴，包括陪孩子学习和游戏。很少有家长能做到每天下班后关闭手机全身心陪伴孩子，但我们可以在陪伴孩子时将手机暂时收起来，等孩子玩时或休息之后再拿出手机。陪孩子一起学习，家长一定要摆好心态，是"陪"而不是"监督"。人都有逆反心理，孩子也不例外。我家宜萱写作业时一般不用我在旁边陪着，但我一般会根据作业情况设定时间。时间的设定根据考试试卷上的题量增减，家长总体把关书写和完成的质量。发现问题时不急于发火，而是让孩子自己看看问题出现在哪里。家长有时适当示弱会收到意想不到的效果。之前宜萱上课外辅导的时候，有一节课学到了年龄轴，那节课是她爸陪她去的。我不明白年龄轴的概念，就向孩子请教，当时孩子特别有成就感，立马给我讲了起来。陪孩子不仅要陪着学，更要陪着玩。假期研学在座的家长都做得很好，但是这种研学活动受时间影响，不能经常开展。我们家长可以每天拿出点时间和孩子培养起相同的兴趣爱好，或者是将孩子引向你认为比较好的游戏中。以我个人为例，受原来所教班级的影响，我迷上了魔方，一开始是我自己玩，宜萱在旁边看。慢慢地，她也上手玩，我俩一起研究学习，不知不觉我俩在三阶魔方的基础上学了二阶、四阶、金字塔、粽子、镜面、斜转、枫叶等多种魔方。像这样家长参与的游戏往往更能引起孩子的兴趣，在和孩子一起游戏时可以更好地与孩子交流，听到孩子的心里话。

二、坚持

重视积累，贵在坚持。前些年我坚持给宜萱听《三字经》《朱子治家格言》《笠翁对韵》等，这里的听就是当背景音乐循环播放。坚持了几个月，我发现孩子能够轻松背诵这些内容。因为孩子视力不好，不能长时间阅读，这两年我又给她坚持听书，陆续听了"谢涛讲三国""谢涛讲春秋战国""凯叔讲历史"等，两年下来孩子了解了一点历史故事，更多的是初步培养了对于中国历史的兴趣。暑假里，我买了《中国历代谋士传》。还没等我开始读，她已经如痴如醉地读完了。任何一件事，只要坚持下来就会取得意想不到的成绩。回想孩子刚入学那会儿，咱们家长给孩子们报的班和做的规划，三年下来可能已经放弃了很大一部分，剩下的这些兴趣一定得和孩子一起咬紧牙关坚持到底，即使过程很痛苦。

三、助力

孩子在成长过程中会遇到很多机会和挑战，这时候就需要我们家长的助力。这种助力可以是言语上的鼓励，这是最简单的，但是孩子们更需要我们实质性的帮助。"跳一跳，摘桃吃"是最有效的学习，活动亦是如此。如果孩子"跳一跳"还是够不到，家长不妨"帮一帮"孩子，对孩子来说，只要吃到了桃子就是成功的。而这些大大小小的成就不仅增加了孩子的自信，更为他们积累了一定的经验。

宜萱身上最大的缺点就是习惯不好，集中体现在：做事比较拖拉，起床、吃饭时速度比较慢，总需要我们的提醒；做事没有条理，做完作业后不能很好地收拾书桌，休息时不能很好地规划学习任务。深究原因，家有老人溺爱孩子，更重要的原因是家长没能坚持到底。亡羊补牢，为时不晚。感谢老师们的及时提醒。今后的家庭教育应该重视良好习惯的培养。良好的习惯包括行为习惯和学习习惯。关注细节，关注她的点滴进步，多用成功的体验激励孩子，使孩子进入良性发展的轨道。激励孩子对好的习惯和行为多多重视和坚持，鼓励孩子把坏的习惯和行为逐步减少。放下成人所谓的尊严，家长和孩子相互学习、共同成长。习惯成自然，其力量就是持之以恒。

　　成功的教育是一个漫长而艰辛的过程，谁能坚持，谁就能胜利。真正的教育是自我教育，真正的控制是自我控制，而不是依靠父母和老师的监督才能做好。尤其在知识经济时代，孩子的教育确实不容忽视，要实现从他律到自律的过程，需要我们继续思考和探索。

【案例五】

　　生活总是不早也不晚地给你打开一个彩蛋。大概十多年前的一个周末，单位接了一项外派任务，由于占用休息时间，没有人愿意加班。当时年轻，活儿自然就落到了我的头上，虽然心有不满，但我还是决定认真完成。也就是那时，我和朱老师结识并共事了一个上午。十年来，大家各忙各的，并无交集。十多年后，儿子四年级，新学期的班主任恰巧就是朱老师。这是机缘巧合还是上苍对我努力工作的奖赏？总之生活啊，只管努力，冥冥自有安排。

　　由于朱老师是孩子的班主任，我们交流的次数也就多了起来，尤其是今年由于疫情，我有更多的时间和孩子一起在家学习，配合朱老师完成学校的一些工作。在这个过程中，我零碎地记录下

第七章 教师与家长的沟通形式之五——阅读、写作、书信等

了一些感受，虽真实，但难免有拙见。

青春好作伴，团队好"作战"

从假期的第一天开始，朱老师就把班上的同学分成了六个小队，儿子有幸被选为队长，回家就催着我建立小队微信群。由于很多学校工作需要通过微信群通知家长并且收集反馈，班里有四十多个人，一人一个"收到"，手机就会被刷屏，特别是在接龙时，这不仅浪费时间，还容易造成信息遗漏。为了使通知有效传达给学生家长，并及时得到家长的反馈，尽可能减轻家长的负担，朱老师采用了"小分队作战"的方法。这样一个小队7人左右，非常灵活，无论传递信息还是反馈信息，都不会太冗长，也能及时发现没有反馈的同学。这种做法在后面的作业上交与批改、安全统计、上课签到与体温汇报等一系列工作中，充分显现出优势。虽然小队长的家长要帮助转发老师信息，收集信息上报，但最受益的还是我们这些小队长。以我儿子为例，作为小队长就要做表率，每天都积极完成作业发到群里，不需要家长的督促，小群里的小伙伴们自会形成你追我赶的氛围。最有成就感的是我和孩子以及群里的小伙伴们一天背一首古诗，春节也没落下。到2月7日，我们已经背完了22首古诗，甚是激动，有感而发拙作《寄22首古诗完结》以抒胸臆。2月8日正值元宵佳节，想起辛弃疾的词《青玉案·元夕》，和孩子一起改作《青玉案·二〇二〇元夕》：

东风不放花千树，只因为，新冠毒。宝马雕车香车库，凤箫声动，玉壶光转，家家不出户。

口罩眼镜防护服，默默无闻出门去。众里寻他千百度，蓦然回首，那人却在，救护一线处。

对自我是鞭策，对孩子是教育，现在回想仍倍感欣慰与充实。

做教育，真本色

2月7日至8日，朱老师将班级分成六个小队两天后，进行了视频家访。我本以为老师就为了完成学校的任务，走走过场，象征性地聊几分钟就会结束。可是朱老师和我们小队的七位小伙伴聊了近一个小时。全程我都跟在旁边听。朱老师仔细地询问每一位同学的假期生活安排，了解作业完成的情况，督促身体素质差的同学加强锻炼，作业完成不及时的要加快速度。可见老师平时对每个孩子都十分了解。由于我和儿子把家庭作业一项一项列出，儿子汇报时就比较有条理，朱老师敏锐地发现这一点并表扬他提前做的准备，也肯定其他同学做得优秀的方面。这些没有留意观察、仔细记录是做不到的。有的同学在老师视频家访时，一直在走动，朱老师提醒他坐下来，认真听。有的同学家长在旁边来回走动，朱老师也耐心地提醒。朱老师还把其他小组同学的假期情况告诉了我们。事后我和儿子交流，我们只知道自己很努力，却不知道比我们优秀的人更努力。能看出来，这次家访对儿子触动很大，效果比我在家啰唆千百遍好多了。借此时机，我们将假期开启了一个新的篇章。

在家久了，孩子难免焦虑无措。有时候我也向朱老师请教，每次电话都在十分钟以上。从辅导的方法到辅导资料，从孩子的发展到与别家孩子的对比，朱老师的一席话，总能令人在山重水复疑无路时，柳暗花明，豁然开朗。她是孩子们的良师，是家长们的益友。遇此良师益友，幸哉！

第七章 教师与家长的沟通形式之五——阅读、写作、书信等

从长远考虑，从细处着手，这是一种格局

一个人的格局要看她在工作之外做了什么。《寒假生活指导》是一个很尴尬的作业，做完了无答案，回到学校有新课要讲，老师也不能集体讲解。朱老师就把班上的几个同学组织起来，让每人负责几页，提供批改的答案。每隔一个星期就会有同学把自己做的习题发到群里，供其他同学批改纠错。《寒假生活指导》具有了实效性，不再尴尬了。同样，寒假期间每周都有同学发布计算题，周一发题，周五公布答案。这些都是我在一周一周中，慢慢明白过来是怎么回事的，缘于朱老师早已在放假前做了布置和规划。计算一直是小学数学十分重要的组成部分，要想提高计算的正确率，常写常练必不可少，像这样每天适当的训练非常有效，孩子们的积极性十分高。在反复练习的过程中，不同的人会有不同的收获。积跬步，定能至千里。

再比如，从1月19日到2月16日，朱老师每天分享一道奥数题，早晨发题，晚上发答案。就这样，我们跟着老师又做了近一个月的思维训练，孩子受益不少。当感慨逝者如斯夫时，回头翻翻这些，总能找到踏实的底气。

孩子的周末作业一般在周五就完成了，如何让同学们周末能有张有弛？我注意到，每周五晚上的答疑，朱老师总在最后留一个周末的写作作业。例如，写写在假期做家务的感想，做一张居家学习计划表，在3月8日到来之际写写对妈妈、奶奶、姥姥感恩的话，对战"疫"一线英雄们说几句心里话等。我们欣赏着其他同学的作品，也反思着自己的作品。润物细无声，朱老师把感恩教育落到了实处。收上来的稿件也都一次次上传到班级的公众号里，为同学们留下了成长的足迹。当孩子看到自己的文字出现在公众号里，别提有多高兴了，劲头也更足了。

没有最细心，只有更细心。朱老师晚上的答疑，我或多或少总要跟着听一听的。答疑的开始她总要肯定认真积极的同学，我还发现她比较关注同学们的听课注意力。比如有的同学听得不认真，明明老师要求到小群里回复，有的同学不按要求在大群里回复了，这时朱老师就会认真严肃地指出来。我们要培养什么样的人？首先是一个合格的建设者。什么是合格？如果不能按要求做，那怎么能成为一名合格的建设者呢？其次才是优秀的建设人才。还有一个从细处着手的例子，我们班上的大部分同学书写不好时，她没有用无力的语言去反复强调，而是号召同学们拿出一年级的书来，每天练5分钟数字。看到我们从3月10日以来18天的战绩，有要求，有落实，真为这样的家校合作而感到喜悦。

她的工作量用什么衡量？

2月17日，如果没有疫情，这是一个开学的日子。也就是从今天开始，儿子正式开启了网课模式。我知道每天网课时相关的学科老师要跟着听，周一、周三、周五数学课程结束之后，朱老师就开始到每个小队群里去批改同学们上传的作业。可想而知，朱老师每天花在作业这一项上的时间有多少。到了晚上，她又早早地在微信群里等着给同学们答疑，我们班上正式答疑的时间一般是从7点15分开始，到8点左右结束。在没有数学课的时候，朱老师也没有放松对同学们的要求，早晨早早地把一张竖式、脱式运算发到班级群里，让同学们学会自己批改，拍照发群。其实这件事完全可以交给家长和孩子自己去做。但是，每位同学的作业她会认真地打出A、B等级，并且在晚上把作业统计公示到群里，有始有终。除了每天的上课，朱老师还要批改作业，统计，答疑，找题材以及各种上报签到、体温数据。我不知道她要做多少其他的学校工作，但我知道一定还有不少。

当然，朱老师做的很多工作是我所不了解的，也许这只是冰山一角。以上记录只是个人感受，变成文字更显得苍白了，不禁汗颜。

教师与家长的沟通方式多种多样。这里要讲的书信形式沟通方式比较传统，但是因为正式，效果反而比较好。

与家长书信沟通的方式主要有两种：一是通过家校联系本（即学生作业记录本上的"写给家长的话"）给家长写信，二是通过短信或微信的方式。

家校联系本，是前些年没有微信时，笔者常用的一种沟通方式。这种方式能让家长及时了解孩子在学校里的情况，家长也能就孩子在家的表现及时反馈给老师。这种联系本效果不错，其最大的好处就是能够比较及时地和家长沟通，同时也可以起到督促孩子的作用。

"与孩子一起成长""教学相长"是教师经常挂在嘴边的话。一方面孩子受教师和家长的教育，另一方面，孩子也以他们的纯真天性教育着教师和家长。在教师的眼中，学生既是教育对象，也是学习对象，同时还是教育和影响家长的"同盟者"。

【案例六】

常芜涵妈妈《与孩子一同成长》

"妈妈，不能着急，要稳""妈妈，别那么凶嘛""一家人一起好幸福哦"……我们以为我们是家长，要教育孩子，让孩子做什么不做什么，然而有时候，孩子却在提醒我们要做得更好。

每天晚上，我去托管班接儿子回家，回家路上，我们经常闲聊，

有效沟通：教师如何说，家长才明白

手挽着手漫步在马路边，说着喜欢的话题，有时候是探险，有时候是海盗，有时候是白天开心的、不开心的事情。儿子带我回到了儿时，我们仿佛是两个小朋友走在路边，无论春夏秋冬，我们都感觉暖暖的。

每个周末，儿子都会倡议我们全家去爬山，去海边，去郊游，贴近大自然。他领着我们找回玩的天性，一起听虫子的叫声，感觉海的心情，唤醒我们正在退化的感受自然的能力。原来虫子有各种叫声，海也有情绪。

有时候，儿子很淘气，走路跳来跳去，下雨天就更是兴奋，走进水洼让水溅起，高兴得不得了。如果安全，不妨与他一起开心，我们也曾那么开心并好奇地看世界。

其实，儿子很乖，只要我们给予信任和耐心，他会按照正确的轨迹行进。按时关掉电视，按时做作业，认真听讲，帮我们做事情……

孩子在成长，他也在带着我们成长，我们随着他一同领略另一个世界。也许，蜗牛的视角有不一样的风景，我们在静待花开，我们也在静静地听花开的声音。

让一部分优秀的学生家长以自己教育孩子的经历去影响另一部分正在走向优秀的学生家长，是现行教育中常用的方式。虽然有教无类，可是我们必须承认每个孩子都有自己的特点，每个家长都有自己的个性，同一个班、同一批教师，为什么孩子之间会出现那么大的差异呢？这些差异当然不能完全归因于家庭教育，但家庭教育肯定是一个极其重要的因素。所以，家长之间的互相影响有时候胜过教师的谆谆教导。

在开家长会的时候，很多教师喜欢事先安排几位优秀学生的家长，请他们谈教子经验，或者请那些在本学期进步很大的学生家长，谈他们是如何引导孩子的。这些家长大都不是专业的教师，也没有系统地学过教育学，谈起孩子的教育却是朴实而生动的，很能引起其他学生家长的共鸣，这对于其他家长是很有说服力的。这就是通过家长转化家长的方式，以这种方式能够让部分后进生的家长鼓足勇气，勇敢面对教育孩子这一项艰难而又伟大的工作。

以下是两位家长有关习惯与运动的心得体会。

【案例七】
傅宣童家长心得体会

各位老师、家长下午好！

今天和大家一起交流关于孩子教育的一些做法和体会，不敢称是什么经验，只是自己平时的总结，甚至是失败后的感悟。

一、养成良好的学习习惯

学习习惯：学什么？怎么学？学的效果怎么样？

小学阶段是学习习惯养成的重要阶段，一定要让孩子学会学习，养成良好的学习习惯。习惯养成了，孩子后面的学习就步入正轨了，家长也会轻松很多。

（一）学习自觉性的培养

完成作业：孩子回家后第一个任务就是做作业，其他事情必须在完成作业后再谈。当然可以先吃点水果，休息一会儿。要注意把握时间，一次作业时间不要超过50分钟，中间要休息10—15分钟。孩子的注意力不能保持太久，时间太长，注意力分散，学习效率下降，正确率下降，起不到做作业的效果，久而久之就会养成不好的学习习惯。

书写认真：所有书面作业必须认真书写，如果写不好就擦掉重写。开学初写得很好，1个半月左右的时候，孩子学会偷懒了，我发现他书写越来越潦草，越来越难看了。于是我开始关注他的书写质量。我在旁边盯着，写得不好就让他擦掉重写，时间最长的一次是一节课生字的硬笔，写了1小时10分钟。这样坚持了一段时间，书写质量慢慢变好了。

（二）学会学习

孩子不懂、不会的题目，不要直接告诉他答案，而是教他如何去理解题目、分析题目，重点是解决问题的过程，不是结果。这种自主学习、独立解决问题的能力，在初中尤其是高中至关重要。

比如，语文的写作，可以先让孩子自己读题，然后说说自己的理解，再把所理解的话按先后顺序理顺一下，实在不行可以试试"时间、地点、人物、事件"的写作顺序，捋顺"定状补"，补充修饰词。数学可以使用图示法，把思路画成图，既直观又形象，关键是孩子容易理解。

（三）多读书

孩子多读书一来能扩大知识面，增加词汇量；二来能提升文学素养，对以后的写作有很大帮助。我们经常会给孩子买一些书，比如前段时间他读的书主要是沈石溪的动物小说，如《退役军犬黄狐》《再被狐狸骗一次》《斑羚飞渡》等。这里面的很多文章都被编入多个省市的小学教材、初中教材。这学期他开始读中国著名儿童文学作家曹文轩的作品，如《三角地》《草房子》等，最近他又迷上了科幻小说《三体》，看得津津有味，读完之后还会给我们科普。为了理解孩子的意思，我们也会跟着读一遍。

二、父母是孩子最好的老师

（一）父母言传身教、身体力行，是孩子很好的榜样

要求孩子做到的事情，家长必须先做到，以理服人，不然孩

子不会信服，认为你说一套做一套。比如玩手机，不让孩子玩，家长也尽量不要在孩子面前玩。

（二）父母的陪伴是对孩子最好的爱

尽量多抽时间陪陪孩子，减少老人带孩子的时间，因为多数老人都溺爱孩子。父母的陪伴，尤其是父亲的陪伴，对孩子性格塑造至关重要。

（三）减少对孩子发火的次数

孩子犯错的时候必须教育，但是要抓住时机。一定要提前制定好规矩，哪些事情是不能做的，做了就要惩罚。

多听孩子说，让孩子说，给他辩解的机会，有些时候他的想法未必是错的。这样可以了解他的想法，促进感情交流。

【案例八】

生洽安家长心得体会

"养儿一百岁，长忧九十九。"作为家长，我们总想给孩子最好的，别人有的我们不能缺，别人会的我们也要会。从孩子四五岁开始学特长；上了小学，又要学英语和奥数，但特长也不能扔，万一将来靠特长可以上好一点的初中呢？于是，孩子除了上学的时间，放学后和周末都奔波于各个特长班、补习班。至于体育运动，没有时间就省省吧！殊不知这是大错特错！学习固然重要，但是体育运动也必不可少。学习和运动，从来不是对立的，而是一对好伙伴。

运动对孩子的第一大好处就是强身健体，少生病，赋予他们健康体魄，让孩子"四肢更发达"。从生洽安三岁开始，我们周末带他去爬山，平时训练他跳台阶，爬楼梯；四岁开始学习跆拳道，一周两次从不间断。上小学后，崂山实验小学秉承"和而不同，

有效沟通：教师如何说，家长才明白

美美与共"的办学理念，关注孩子身心健康，着眼孩子全面发展，有丰富多彩的校园活动和社团活动，还有巨大的绿茵场。很庆幸孩子进了这所小学。二年级的时候，生冾安又经严格选拔进入足球队，除周五学习英语外，每周4次坚持1.5到2个小时的训练，没有特殊情况从不请假。正因如此，他体格极好，很少感冒，即使偶感风寒，一两天就好。

运动还能促进儿童大脑发育，提高身体协调能力、平衡能力、反应速度和灵敏度，让孩子头脑更聪明。由小儿科医生、认知科学家等组合的团队对学生健康做过一个评估，发现每周只要运动3到5次，每次30到45分钟，就能大大提升孩子的记忆力、注意力。升入五年级，孩子的学习任务比原来重了，因为家长担心影响学习，一起踢球的4个小伙伴先后退队了，但生冾安一直在坚持，且乐在其中。每天放学后和教练以及小伙伴们在一起训练的那两个小时也成为他最期待的时刻。虽然孩子每天比别人多两个小时用来运动，但是从没有影响到学习成绩，并没有其他家长担心的运动后犯困不想写作业，也没有运动多了好动，静不下心来写作业的现象，反而由于时间有限，作业效率更高了。

坚持运动更大的好处是强悍心灵，磨砺性格。孩子小时候，我们想尽各种办法，激发孩子学习的兴趣，但是毋庸置疑，随着孩子年龄的增长，学习的内容也越来越高深，学习必将是一件辛苦的事情。作为家长，我们要让孩子体会体力之苦，受得了运动之苦，将来才有可能忍受刻苦学习之苦，才会感受到成功的喜悦。跑步的人都知道，当跑到一定程度会感觉呼吸都困难，但只要咬牙坚持熬过这一阵，过了身体的临界点，就会觉得没有那么累了。当孩子运动完后一定告诉孩子，以后的学习会越来越辛苦，遇到难题时，要相信自己一定能解决，就像你挺过了身体的极限。同样，以后的人生肯定会遇到各种挫折和困难，只要咬牙挺一挺，就没有什么过不去的坎。有健康的心理，有强大的内心，这样的孩子遇事就不会怨天尤人，也不会自暴自弃，他将乐观地面对困难和挑战。

生洽安自进入小学以来，历次运动会60米和100米短跑，4×100接力赛几乎都是第一名。进入足球队后，他先后4次参加"区长杯"和"市长杯"足球赛，今年他所在甲组还获得"区长杯"冠军。运动练就了他强壮的体魄和不骄不躁的性格，他不会因为身体原因请假缺课影响学习，也不会因为粗心而丢三落四，所以学习成绩蒸蒸日上，连续8个学期被评为"全优生"，连续3年被评为"优秀学生干部"，他有力地证明了学习和运动真的是一对相互促进的好伙伴。

孩子有了强健的身体，学习才有意义；失去健康体魄，学习再多的知识也无用武之地。作为家长，合理安排孩子学习和运动的时间，协调好学习与运动的关系，责无旁贷。希望我们的孩子身心健康，学习进步！

第八章

教师与家长的沟通形式之六
——主题活动

第八章 教师与家长的沟通形式之六——主题活动

【案例一】

元旦活动

元旦，是一年的开始，在这个特殊的时间组织有意义的活动价值非凡。

一、"提升品质，筑梦远航"主题活动

任教五年级时的元旦，我们以级部为单位组织了以"提升品质，筑梦远航"为主题的元旦联欢。本次元旦联欢，我们重在品质引领，以"文明守纪、诚实友善、勤奋向上、和谐平等、感恩诚信、祝福惜缘"为关键词，鼓励班级孩子们以朗诵、舞蹈、合唱、器乐演奏、情景剧、手语、沙画等各种形式表演。各班经过严格把关，选出的精彩节目有舞蹈《大梦想家》、朗诵《我有祖国，我有母语》、合唱《相亲相爱一家人》《童年》《幸福的脸》、手语表演《人间真爱》、沙画表演《感恩》等。

班主任老师在新年来临之际，结合自己班级的关键词对孩子们提出了新的希望和祝福。家长们在老师的指导下，给孩子们准备了一份特别的礼物——一封信。

信的内容是：

1. 感谢生命中遇到了你，说说孩子为自己的家庭带来的欢乐；接纳认可自己的孩子，说说孩子在父母心中的位置。

2. 说说这些年孩子成长过程中的可喜变化，孩子的优点越多越好。

3. 一直想对孩子说但没说出口的话，也可以是因误会或因自己的情绪发泄想向孩子致歉的话。

4. 说说青春期的男孩女孩成长中的困惑，将心比心，爸爸妈妈也是从那个时候过来的。爸爸妈妈想成为你的朋友，及时听到你的心声。

5. 针对孩子的问题提出中肯的建议和要求，作为新年约定。

家长在信中与孩子们进行了一次心与心的交流，当看到孩子们泪流满面地读着父母的信时，家长们也十分感动。相信他们深刻感受到了来自父母的爱。只有家长走进孩子的内心，孩子才会真正接受父母的教导。

二、包饺子活动

任教六年级时，在辞旧迎新之际，我们一起策划组织了包饺子活动。每个学生参与包饺子食材的准备，用你带的皮包我带的馅，可谓是你中有我，我中有你。

我想多年以后，留在孩子记忆中的也许不是他在学校学会了什么知识，而是这些难以忘怀的活动。我想那些吃到自己学生亲手包的饺子的老师，内心一定很温暖。在这里，我们要特别感谢学校后勤部张正伟主任和食堂管理的祝老师给予本次活动的大力支持，帮助我们的活动顺利开展。

【案例二】

感恩活动

一、"感恩母亲，珍爱生命"主题活动

任教二年级时，在母亲节那一天，我们设计组织了"感恩母亲，珍爱生命，让我如何呵护你——我的气球宝贝"活动，让学生亲身体验母亲的辛苦与不易，从而感恩自己的母亲。感恩是孩子们从小就应该学习的内容，但是生活中我们发现有的孩子根本不懂得感恩。于是，在母亲节来临之际，我们设计组织了本次活动。

活动时，我们带领孩子观看妈妈怀胎十月期间肚皮发生的变化以及孕期的反应。然后组织孩子吹好气球，并给气球宝宝赋予生命。孩子们为自己的气球宝宝画头像，取名字，写祝福，带着宝宝吃饭，参加体育活动等，要想办法保护好自己的"孩子"。活动中，孩子们除了感觉有趣之外，真的在小心翼翼地保护自己的"孩子"。活动后，我们又引导学生从与气球宝宝相伴的一天写下了感恩母亲心情日记。通过这样一份总结，孩子们进一步感受妈妈怀胎十月的辛苦。我们相信，通过这种体验，孩子一定会真切感受到母亲的辛苦与不易，从而感恩自己的母亲；明白自己的生命来之不易，进而也会更加珍惜自己的生命。

二、母亲节暨父亲节感恩活动

任教五年级时，在母亲节、父亲节来临之际，我们承接着元旦组织的"提升品质，筑梦远航"主题活动，在继家长写给孩子们一封亲笔信后，又组织了一系列感恩母亲教育活动。这次活动使学生体验到妈妈怀胎十月的辛苦，并给妈妈写了一封信作为母亲节礼物。我们都知道，感恩不是说出来的，而是通过自己的"内省"，将感恩之情从内心激发出来，把"要我感恩"变成"我要感恩"。而孩子们只有先学会感恩自己的母亲，才会懂得感恩父亲、家人、老师和同学，感恩帮助过自己的人。

父亲节时，孩子们又为自己的爸爸制作了一张爱心卡，写上了自己想对爸爸说的话。通过与家长们交流，我们得知了父母得到孩子的真诚祝福时的喜悦与自豪。这些活动有效增强了亲子关系，而良好的亲子关系才是架起有效沟通的桥梁。因为在孩子成长过程中，有的父亲严重缺位，所以，在父亲节来临之际，我们组织了这样一个小活动，将父亲拉入孩子成长的过程中。

这次活动后，我发现了一个可喜的变化：此前的家长会只有几位爸爸参加，但这次活动之后，爸爸的参会人数接近总数的三分之一。这说明活动还是有效的。

三、有爱，你就说出来

任教六年级时，在母亲节来临之际，我们又召开了"浓情五月，感恩母亲"主题活动。在这次活动中，我们指导孩子给妈妈写一封信，将自己埋藏在心底的心里话说给妈妈听。随后我们又将本次主题活动延伸到家庭。当家长收到孩子的信时，也为孩子回一封信。这封信可以以"我为我的孩子而……"为题目。"而"后面要补充什么呢？或者"自豪"，或者"欣慰"，或者"遗憾"，或者"伤心"等，内容自定。这项活动旨在让孩子与父母进行心与心的沟通与交流，加强亲子关系。

两年来，家长与孩子进行书信沟通的效果非常好。因为处于青春期的孩子，在与父母交流时，说得最多的一句话是"你真烦"，与父母交流时经常不欢而散，所以，我们就开展了"有爱，你就说出来"活动，采用书信交流的方式，效果是不错的。

以下是我在组织感恩教育活动后写的一篇文章。

触动心灵的教育才是有效的

在班主任工作中，曾有家长向我诉说自己的苦闷：孩子对家长的话充耳不闻，有的甚至和父母顶嘴……对父母缺少尊敬、感恩之心。为此，在母亲节来临之前，我组织班级的孩子们召开了"感恩妈妈"的主题队会，让他们表达对妈妈的爱与祝福，从感恩妈妈开始，学会感恩一切。

40多个学生既有不同的个性、不同的潜力，也有各自的家庭环境、生活经历和独特的生活体验。这些丰富的资源都可以为活动所用，而且有越用越多、越用越丰富的特点。

活动以大家非常熟悉的"恩"字开始，比比看谁组的词最多。问题一抛出，学生就打开了自己的思绪，"恩情、恩人、报恩、谢恩、

第八章 教师与家长的沟通形式之六——主题活动

感恩戴德……"同学们跃跃欲试，争先恐后地说出自己与众不同的词语。

接着，我提出第二个问题："现在你最想感谢的人是谁？为什么感谢他（她）呀？"首先让学生以小组为单位交流自己内心所想。然后，每小组推荐两名同学进行全班交流。学生很快融入活动中，热烈讨论，交流使每个学生都入情入境。可见，学生已有的生活资源是此次活动中非常宝贵的资源。

课堂教学不是预设教案的机械执行，而是在课堂上重新生成、不断组织的过程。尤其是主题队会，它是人性不断张扬、发展、提升的过程。当面对一个个鲜活的生命时，教师不能无视学生呈现的生命信息，而应及时采撷。

在进行全班交流时，辛××说："我要感谢我的姥姥、姥爷。因为爸爸妈妈工作比较忙，是姥姥、姥爷从幼儿园开始接送我上学，给我做饭吃。"李××流着泪说："我要感谢我的妈妈。因为那一次我生病，我看到了妈妈焦急的神情，感受到的是妈妈伟大的爱。"温××说："我要感谢我的妈妈。因为她很忙，晚上回来时，有时我已经准备睡觉了，妈妈就坐到我的床前，摸摸我的额头。"张××说："我要感谢我的爸爸，是他的耐心教育，培养了我正确的人生观。"王××说："我要感谢我的老师。她就像妈妈，一直辛苦地教我们知识，教我们做人。"……听着孩子们发自内心的真诚的话语，我顺势引出今天的主题："在你的生命中，确实有很多值得感恩的人，其实最应该感谢的还是你的父母，因为是他们把你带到了这个世界，把你养育这么大，他们很辛苦。那今天我们就一起来说一说，怎样感谢父母？"接着，又是一阵认真的讨论。活动中，教师可以充分利用学生现场生成的资源，加以引导、点拨，以深化学生的认识，让活动更有意义。

有效沟通：教师如何说，家长才明白

陶行知曾说，教育犹如雕刻活人之塑像，所不同的是，艺术家的塑像由一位美术家来完成，而活人之塑像则由家长和一群教师来完成。倘若刀法不合于交响曲之节奏，那便处处是伤痕，而难成真善美之塑像；在刀法之交响曲中，投入一丝一毫的杂声，都会有损整体的和谐。

活动的前一天晚上，我曾安排孩子把书包挂到自己的胸前，看看自己能坚持多长的时间。第二天活动时，孩子们交流自己的感受："老师，真累呀！""老师，我学习写字时一点都不舒服，真想放下来呀！""老师，我吃饭洗脸时感觉很不方便！"最后，大家异口同声："很不方便！""是呀，你的妈妈怀胎十月，小心翼翼地把你带到这个世界上，这其中要经历多少辛劳，你能想象到吗？"顿时，刚刚还觉得好玩的孩子们，霎时安静了下来。

"那你怎样看待妈妈平时对你的批评与唠叨呢？"孩子们在你一言我一语的交流中，认识到：尽管自己的妈妈不够完美，但她对自己的爱是无私的、伟大的。

"是呀，母爱是伟大的，有妈妈的孩子才是幸福的。"我边说着边打开音响，大家共唱《世上只有妈妈好》。此时，一些孩子的眼睛里闪出了泪花。

"孩子，在你和妈妈相处的过程中，你对妈妈有哪些不敬的行为呢？此时此刻，你最想对你的妈妈说什么呢？来，打开自己的笔记本，写下自己想对妈妈说的话吧……"接下来，孩子们在音乐《烛光里的妈妈》中，开始了自己与妈妈心与心的交流。好多孩子一边抹着眼泪，一边奋笔疾书，场面令人感动。

活动在大家的沉醉中结束，好多孩子仍然不愿下课。于是，我对他们说："孩子，写上你对妈妈的祝福，说一说自己以后想怎样做吧。今天晚上回去，就把用心做成的这份礼物送给妈妈吧。

然后，听一听妈妈想对你说什么。也可以让妈妈把想说的话写在你的话语的后面。"

当天晚上，我收到了好多家长的信息与电话。其中夏××妈妈在电话中说："朱老师，这是我收到的最好的礼物，我要好好珍藏它。"刘××妈妈在信息中说："老师，您好！孩子回家后给我念了她在学校写的话，我很感动。感谢您对孩子的教育，让孩子学会了感恩，这是孩子在人生中应具备的最重要的美德，以后也会受益匪浅。"梁××妈妈在给孩子的回信中写道："儿子，妈妈永远爱你！无论你有什么缺点，无论倔强还是调皮……你的一切既属于自己，更属于全家……在母亲节这个特殊的日子里，主题队会让你有知恩懂爱的表白，这是你成长中非常难得的德学课堂。感谢你的老师。德是立身之本，妈妈希望你做一名品德好、习惯好、心态好的人。要每天学会欣赏同学、尊重老师、热爱校园……我也是如此。"

通过这次活动，我也有一些感想。

1. 感恩教育非常适合作为目前独生子女教育难的突破口

感恩教育必须张扬学生内心人性的美好，促进学生主体性的道德发展和情感教育。开展感恩教育，目的是让学生经常站在别人的角度，设身处地想别人之所想，哀别人之所哀，乐他人之所乐，学会体验他人的情感。只有这样才能使我们培养的学生感人所感，知他人之情，能体谅他人，同情他人，帮助他人，爱护他人，从而形成良好的道德观和人际关系。生活中，需要感恩的对象很多，平时在教育孩子时，家长经常说："我们要学会感恩，感恩父母，感恩老师，感恩一切对我们有所帮助的人……但到头来，他们还是我行我素，对父母的话照样爱理不理，不知道怎样感恩，为什么要感恩。"因此，我思考的一个问题就是，细化每一次主题队会，让主题队会发挥它的功能。本次主题队会，我只选取了"感恩妈妈"的话题。感恩妈妈是进行感恩教育最好的切入点。孩子只有先学会感恩自己的妈妈，才会懂得感恩父亲和周围的人，进而感恩一切。

2. 创造适合主题队会的环境

本次主题队会，在孩子无法用语言表达自己内心所想时，我为他们创造了一个适合表达自己的机会，那就是——写。此时，再配上合适的音乐，为孩子创造能表达自己真情实感的环境。

3. 做好主题队会收尾工作

本次主题队会延伸到家庭，旨在让孩子与父母进行心与心的沟通与交流，也可以让父母了解学校的教育，加强家校合作。父母是孩子最好的老师，孩子不能缺少父母的鼓励与赏识。孩子与父母之间的情感表达，可以架起沟通的桥梁，建立良好的亲子关系，而良好的关系是实施教育的基础。

本次主题队会，我深受启发：只有触动心灵的教育才是有效的。

【案例三】

压岁红包的祝福

为更好地帮助学生以最佳状态迎接小学的最后一个学期，使学生满怀热忱地投入学习中，六年级下学期刚开学时，我们组织了以"压岁红包的祝福"为主题的班队活动。

主题队会上，孩子们拿出父母提前准备好的红包，喜悦和兴奋溢于言表。不过，这个红包有点特殊，里面没有百元大钞，而是写满祝福语的亲笔信。活动过程中，孩子们争先恐后地分享父母给自己的新年寄语。读着读着，情到深处，他们的泪水打湿了眼眶。父母温暖的叮咛、热切的期待，让孩子们深深地意识到自己对于他们而言是如此重要。由此，我们又引导孩子思考生命的意义——生命是弥足珍贵的，它的珍贵就在于它的有限和不可重复性，家庭和家族都与自己有关系，不能因为微不足道的挫折而放弃生命！当下，我们经常看到学生自杀事件的报道，这是我们最不愿看到的。所以，我觉得，生命教育应该渗透到平时的工作中。

接着，孩子们围绕"是否压岁钱给得越多，爱就越多？"这个问题展开了热烈的讨论。最终，孩子们达成了共识——爱与金钱的多少没有关系。压岁钱寄托着长辈们深深的爱、浓浓的情，也寄托了家人对孩子们的关心。不论压岁钱多或少，它都承载着家人对孩子的爱与期待，祝福和关爱显然不能用金钱来衡量。压岁钱怎样花最合理呢？通过讨论，孩子们纷纷表示，爸爸妈妈给的压岁钱都是他们辛辛苦苦赚来的，来之不易，所以一定要珍惜，不能浪费。最后孩子们还得出"君子爱财，取之有道"的结论，要通过自己的努力或正规的方式获得财富，只有这样，花钱时才可以心安理得。

通过本次班队会活动，孩子们在了解中国传统文化的同时，更对生命的意义有了深层次的理解，形成了正确的金钱观。最后，孩子们表达了对新学期的期待与决心，他们郑重承诺将严格自律，规范言行，用最大的热情和努力迎接新学期新生活，把自己培养成全面发展的少先队员，以此回报学校和老师们的精心培育。这也正是我们本次活动的最终目标。

【案例四】

我的理想我的梦

为了激发学习积极性，树立正确的学习观、价值观和人生观，我们在孩子们临近毕业比较容易浮躁的时候召开了"我的理想我的梦"主题队会活动。

活动中,"为了实现梦想,我们现在应该做些什么呢?"这一问题引发孩子们深思。围绕这个问题,大家展开激烈的讨论。孩子们表示,要想实现自己的梦想,就要从当下做起,认真上好每一堂课,认真对待每一份作业,好好学习文化知识,打下扎实的基础。

班主任老师肯定了孩子们的想法,并指导孩子们将人生中的大目标分解成一个个小目标。一个个小目标实现了,才会逐步靠近自己的大目标,最终实现自己宏伟的人生目标!这次活动旨在引导学生明确只有保持勤奋、努力、刻苦、坚持的品质,才能一步一步实现自己的理想!

【案例五】
弘扬中华传统文化

一、清明归来话清明

本次活动我们组织引导孩子们从清明节的由来、清明节的习俗、诗词欣赏、文明过节倡议几方面入手,要求孩子能背诵积累有关清明的诗词,活动结束后请家长对本次活动进行评价。

二、端午粽叶香

本次活动我们组织引导孩子们了解端午节的来历、端午节的传统习俗、有关端午节诗词并开展端午节知识竞赛抢答以及包粽子等活动,以加深对端午节的认识。这次活动历经3—4课时。包粽子这天,每班邀请了十几名家长教孩子包粽子。从食材的准备到包粽子,每班家委会都给予了有力的支持与配合。所以,活动当天,孩子们井然有序,忙而不乱。我们也要感谢学校后勤给予的大力支持,是他们帮我们把包好的粽子煮熟。当孩子们吃着自己亲手包的粽子时，别提有多高兴啦！

三、精彩纷呈话"中秋"，和美少年共成长

本次活动使孩子们真切感受到中华传统文化的博大精深，尤其是中秋诗歌的创作，进一步加深了孩子们对传统文化节日的了解，并提高了语文素养。

四、传承好家风

本次活动历时一个月，首先是教师组织召开主题队会，讲述"家风、家训"的故事，让孩子们更加清楚地认识到好家风的重要性，明确我们需要的家风是：尊老爱幼、团结互助、谦虚礼让、善解人意、宽容待人等。

接下来，我们利用十一小长假，请孩子们和家长一起讨论交流自己家的好家风，并做成手抄报。手抄报的内容包括：全家福照片、我们家的好家风，以及孩子是怎样做的或今后打算怎样传承自己的好家风三个版块。国庆节回来之后，我们再次召开主题队会，让孩子们交流自家的家风并说明自己是怎样做的，引导他们落实到行动中。

最后我们对学生作品进行展示，召开家长会时让家长互相学习。

通过本次主题活动，孩子们了解了其他同学家的好习惯，并学习他们的好家风。家长们通过这次活动意识到了家庭教育的重要性以及家长的榜样示范作用。

【案例六】

儿童节活动

在每一位父母的眼中，自家的宝贝就是天上那颗最灿烂的星星，银河璀璨，自家的那颗星最耀眼。一堆孩子中，爸爸妈妈总能一眼就发现自己家的那个"小淘气"，他独特的表情，可爱的发型，熟悉的衣服……总能在一瞬间让他从众多孩子中跃入自己的眼帘。可是，你有没有试过，当孩子们穿上同样的衣服，戴上同样的头饰，掩饰了自己平时最经常做的动作之后，你还能一眼就认出来吗？

儿童节那天，学校组织了嘉年华活动，服装表演组的妈妈在比赛结束后，留给孩子们一组道具——粉红猪小妹一家的头饰，孩子们对这组道具产生了极大的兴趣。为了满足孩子们的好奇心，朱老师灵机一动，设计了这个有趣的游戏——猜猜我是谁。

瞧！一群可爱的猪宝宝突然出现在班级微信群里，他们穿着同样的衣服，带着同样的头饰，憨态可掬，神态各异，每一只都是世界上最独特的那个，可爱无比，看了令人忍俊不禁。你还能认得出哪个是自家的宝贝吗？爸爸妈妈们，考验你们的时刻到了！

朱老师把照片一发出，群里顿时炸开了锅，爸爸妈妈们纷纷来认领自家的宝贝。

尽管做了掩饰，有的宝贝还是露出了马脚，被爸爸妈妈一眼认了出来；有的宝贝掩饰得太巧妙了，连自己的爸爸妈妈都认不出来。朱老师说了，没被认领的孩子就要跟她走，做她的宝贝。不想被自己的爸爸妈妈认出来的孩子，看来是真的想认朱老师做妈妈了！

咦？班里好像多出了一个宝贝，是谁呢？

眼尖的子墨妈妈认出了她——朱老师！哈哈，太可爱了！混在孩子们中间，朱老师也变成了一个大宝贝，跟孩子们一起享受游戏的快乐。看到朱老师扮演的萌萌的猪爸爸，孩子们一定很开心！

有趣的游戏，可爱的"猪宝宝们"，让爸爸妈妈们听到了孩子们开心的笑声。相信孩子们在朱老师的带领下一定会团结向上，积极阳光，快乐成长！

第九章

心理学规律在家校沟通中的实践与应用

第九章 心理学规律在家校沟通中的实践与应用

孩子的教育问题既与纵向的原生家庭有关,又与横向的学校、社会有关,孩子正是"纵""横"这两条线的交集所在。而家长和教师,天然是孩子的人生导师和心理咨询师。除了运用中国父母所熟悉的"教育型"手段之外,更需要培养"治疗型"的亲子关系同盟,其基础就是善于倾听,善于理解。如果家长和教师能够从关怀的角度去倾听孩子讲述自己的问题,站在孩子的立场上去理解孩子的错误,从一味纠正孩子过去的错误转向关注孩子未来的成长,那么,家长、教师与孩子无论是彼此沟通还是改正错误,都会达到事半功倍的效果。所以,关心孩子的家长和教师,都要学习做孩子的心理咨询师。本章主要介绍在家校沟通、师生沟通、亲子沟通中常见的心理规律。

(一)首因效应

首因效应是由心理学家 A.S. 洛钦斯首先提出,也叫首次效应、优先效应或第一印象效应,指交往双方形成的第一印象对今后交往关系的影响,也就是"先入为主"带来的效果。

心理学研究表明,最先输入大脑的外界信息作用最大,最后输入的信息也起较大作用。首因效应本质上是一种优先效应,当不同的信息结合在一起的时候,人们总是倾向于重视前面的信息。即使人们同样重视了后面的信息,也会认为后面的信息是非本质的、偶然的,人们习惯于按照前面的信息解释后面的信息,即使后面的信息与前面的信息不一致,也会屈从于前面的信息,以形成整体一致的印象。虽然第一印象并非总是正确的,却是最鲜明、最牢固的,并且决定着以后双方交往的进程。如果一个人在初次见面时给人留下良好的印象,那么人们就愿意和他接近,彼此也能较快地相互了解,并会影响人们对他以后一系列行为和表现的解释。反之，对于一个初次见面就引起对方反感的人，即使由于各种原因难以避免与之接触，人们也会对之很冷淡，在极端的情况下，甚至会在心理上和实际行为中与之产生对抗。

实践与应用：人们在初次交往中给对方留下的印象很深刻，会自觉地依据第一印象去评价一个人，今后交往中的印象都被用来验证第一印象，直接影响到以后的一系列行为。第一印象是在短时间内以片面的资料为依据形成的主观性倾向。研究发现，与一个人初次会面，45秒钟内就能产生第一印象。它主要是获得了对方的性别、年龄、长相、表情、姿态、身材、衣着打扮等方面的信息，以此判断对方的内在素养和个性特征。这一最先的印象对他人的认知产生较强的影响，并且在对方的头脑中形成并占据着主导地位。而人们常说的"给人留下一个好印象"，一般也是指第一印象。

在家校沟通中，教师怎么才能给家长留下良好的第一印象呢？首先，教师要重视首因效应对自己的影响，注重塑造自己的仪表形象，穿衣打扮端庄大方，符合教师身份；言谈举止坦率真诚，值得家长信任。因为人们都愿意同衣着干净整齐、举止优雅、善于倾听、落落大方的人接触和交往。了解首因效应的意义在于它能使我们自觉地利用这一心理效应，在"慎初"上下功夫，力争给家长留下良好的第一印象。良好的开端是成功的一半。

（二）近因效应

近因效应是指最新出现的刺激物促使印象形成的心理效果。人们对于最后、末尾事物的记忆更加深刻，在心理学上，近因效应和首因效应正好是相反的一对。

实践与应用："近因效应"让我们明白，每次与人交往都要好好表现自己，不但重视开头，还要重视结尾，做到善始善终。如果没有在首因效应中表现好，那就在近因效应中加一把油。最后的印象，往往是最强烈的，可以在一定程度上冲淡之前产生的印象。心理学的研究还表明，在人与人交往初期的生疏阶段，首因效应的影响重要；在交往的后期，近因效应的影响也同样重要。因此，用近因效应弥补首因效应的不良影响也是重要的。

不少上岗不久的年轻教师，对于与家长沟通中出现的问题较难做出全面准确的解释，所以，遇到问题时，年轻教师容易困惑不解或手足无措。尤其是他们不知道怎样度过家校沟通的"第一关"，以致没有给家长留下最佳印象。如果教师明白了近因效应对人的心理影响，就知道即使自己最初做得并不太好，但是在以后的工作中还有很多机会使家长重新认识自己，从而树立"只要想做好，永远都不晚"的信念，促使自己不断得到锻炼与成长。心理学家研究发现，一件事的开头或结尾无论好与差，都能抹杀中间过程70%的效果。人们在做一件事的开头和结尾时注意力较为集中，中间时段则相对分散。可见，"首尾两端"的工作具有特别重要的意义，需要教师持之以恒地做好家校沟通工作，把"善始善终""永不懈怠"当成一种工作习惯。

（三）投射效应

投射效应，是指将自己的特点归因到其他人身上的倾向。在认知和对他人形成印象时，把自己的某种感情、意志、特性投射到他人身上，即推己及人，以为他人也具备与自己相似的特性。

实践与应用：投射效应是人们在人际认知过程中，常常认为别人理所当然地知道自己心中的想法。事实上，它是一种心理定式的表现。它以评价人自己的心理特征作为认知他人的准备和标准，从而使评价的客观性打了折扣，最终使评价结果产生误差，形成认知心理偏差。所以，辩证地、一分为二地去看待别人和自己，是克服投射效应的方法。

在家校沟通中，教师应尽量保持"非知"心态，秉承客观公正的原则，不要让"心理投射"伤到自己，也不要用"心理投射"揣测他人，因为这些都是人际交往中的阻力。如果投射效应过于严重，总是以己度人，那么我们将无法真正了解别人，也无法真正了解自己。

（四）超限效应

超限效应，是指刺激过多、过强或作用时间过久，从而引起心理极不耐烦或逆反的心理现象。

马克·吐温有一次在教堂听牧师演讲时，最初感觉牧师讲得好，打算捐款；10分钟后，牧师还没讲完，他不耐烦了，决定只捐些零钱；又过了10分钟，牧师还没有讲完，他决定不捐了。

实践与应用：超限效应在家庭教育中时常发生。譬如，当孩子犯错时，如果父母反复批评，就会使孩子从内疚不安到不耐烦再到反感讨厌。孩子被"逼急"了，就会出现"我偏要这样"的逆反心理和行为。

可见，家长对孩子的批评不能超过限度，应采取"犯一次错，只批评一次"的原则。如果非要再次批评，那也不应简单地重复，而要换个角度，换种说法。这样，孩子才不会觉得同样的错误被"揪住不放"。因为孩子一旦受到批评，总需要一段时间才能恢复到正常的心理状态。反复受到批评时，他就会产生厌烦心理，因此，家长要换位思考，充分听取孩子心中的想法，同时注意批评的方式方法，把握"尺度"。家长要说清利害，然后给他时间领会和接受。成长也需要时间。如果过一段时间他还没有改变，可以再稍作提醒，点到为止，在这个过程中要耐心倾听孩子的意见。

超限效应在学校教育中也时常发生。拖堂、教学内容过量、重复批评等，这些都使学生的心理处于抑制状态，从而影响学生的健康发展。小学的一堂课是40分钟左右，这是根据小学生的承受能力来安排的。因此，教师应避免拖堂，要合理安排教学时间与教学内容。教育犯了错误的学生时，要考虑学生的心理承受能力，把握批评的"度"，避免超限效应。

教师和家长沟通时也要避免超限效应。对于成年人来说，一次比较有效的谈话时间一般是40分钟左右。即使是专门以谈话为职业的心理咨询师，一次也不超过1个小时。时间长了，人们就会产生听觉疲劳，对谈话对象来说再有用的话也可能是废话了。所以，教师与家长沟通时要注意把握好时间，才能避免"物极必反""欲速不达"的超限效应。沟通不是说话而是对话。虽然教师通常是家校沟通的主动发起者，但这并不意味着一场沟通只是教师在不停地说话，家长却没有说话的机会。因此，教师一次说话的时间不宜过长，超过10句话时就要有意识地停顿一下，可以通过提问如"你是否了解孩子的这些情况"来观察和判断家长的接受程度，并给家长反馈和交流的机会，使沟通成为具有互动性的双向沟通。

（五）登门槛效应

登门槛效应又称得寸进尺效应，是指一个人一旦接受了他人的一个微不足道的要求，为了给他人留下前后一致的印象，避免认知上的不协调，就有可能接受更高的要求。日常生活中，在你请求别人帮助时，如果一开始就提出较高的要求，很容易遭到拒绝；如果你先提出较低的要求，别人同意后再增加要求的分量，则更容易实现目标。

实践与应用：登门槛效应对我们的启示很多，在教育工作上也有应用和借鉴。如对学习有困难的学生，教师不宜一下子对他们提出过高、过多的要求，而是先提出一个比过去有进步的小要求，待他们按照要求做了，予以肯定、表扬乃至奖励，然后逐渐提高要求，往往更容易达到目的。

教师参考登门槛效应制定目标时，一定要考虑学生的心理发展水平和心理承受能力。要分析不同层次学生的发展水平，根据不同素质、不同能力的学生的基础与表现，制定不同层次的、具体的目标，使学生经过努力能够达到，即"跳得起，够得着"，从而使每个学生都能获得成功的喜悦。因此，在教育过程中，教师应将远期目标和近期目标结合起来，将较高的目标分解成若干层次不同的小目标，以调动学生的积极性。学生一旦实现了一个小目标，登上了一道"小门槛"，自信心就会迸发。

譬如，要求学生养成良好的学习和生活习惯，可以先让学生根据自身实际情况确定一个时间段（如一个月）养成一个好习惯的目标。如"不随意发脾气""抓紧时间做事""倾听别人说话""不随地扔垃圾""勤于思考""聚精会神听课""做题仔细认真"等。长此以往，良好的学习和生活习惯便会形成。

对问题学生的教育切忌急于求成、"恨铁不成钢"，要富有爱心和耐心，看到他们的闪光点和发展潜力，对他们做出积极的、鼓励性评价。哪怕是一个赞许的点头、一个满意的微笑、一次真诚的祝福，都可能唤起他们的自信，使他们看到自身发展的希望，从而健康成长。课堂提问时，教师应根据教学内容和学生的认识规律，由浅入深、由易到难地设计问题，一步步开启学生思维的大门。

在家校沟通中，教师和家长可以先解决比较容易的小问题，有计划、按步骤分解目标，犹如登门槛一般，于不经意处见匠心，达到"随风潜入夜，润物细无声"的效果。

（六）罗森塔尔效应

罗森塔尔效应，亦称皮格马利翁效应，是指人的信念、成见和期望对所研究的对象会发生影响的现象。在这里指的是教师对学生心理潜移默化的影响，从而使学生取得教师原来所期望的进步。

心理学家 R.罗森塔尔等人于 1968 年的一天来到一所小学，说要进行智力测验。他们从一至六年级各选了 3 个班，对这 18 个班的学生进行了"未来发展趋势测验"。之后，罗森塔尔以赞许的口吻将一份"最有发展前途者"的名单交给了校长和相关老师，并叮嘱他们务必要保密，以免影响测验的正确性。其实，罗森塔尔撒了一个"权威性谎言"，因为名单上的学生是随便挑选出来的。8 个月后，罗森塔尔和助手们对那 18 个班级的学生再进行测验，结果奇迹出现了：凡是上了名单的学生，个个成绩有了较大的进步，且性格活泼开朗、自信心强、求知欲旺盛，更乐于和别人打交道。实验者认为，教师收到实验者的暗示，不仅对名单上的学生抱有更高期望，而且有意无意地通过态度、表情和给予更多提问、辅导、赞许、体谅等行为方式，将隐含的期望传递给这些学生，学生则给教师以积极的反馈；这种反馈又激起教师更大的教育热情，维持其原有期望，并给予这些学生更多关照。如此循环往复，以致这些学生的智力、学业成绩以及社会行为朝着教师期望的方向靠拢，使期望成为现实。

实践与应用：心理学研究证明，受教育者，特别是孩子对自己的了解往往是从教育者那里得到的。在他们的生活中，居重要地位的人物对于他们的看法和态度，就像镜子一样折射着他们的形象。如果他们感到教育者认为他们有能力，信任他们，那他们也认为自己是有能力的，是值得信任的，他们就能建立起应有的自尊，使自己为做得更好而努力。如果教育者认为他们能力低下、不可救药，他们也会从这面镜子中看到自己令人沮丧的形象，从而也认为自己能力就是不如别人，那么他们就不能确立应有的自信与自尊，就不能有充分的自我价值感。他们会感到绝望，就会放弃任何积极的努力。

罗森塔尔效应是赏识教育的理论基础，应该得到教师和家长的普遍重视。教师和家长的期望会传递给被期望的学生并产生鼓励效应，使其朝着教师和家长期望的方向变化。无论是教师还是家长，都要对孩子充满信心，给予孩子更多的鼓励与期望，相信他们能进步得更快，发展得更好，前途充满希望。教师还要合理利用家长对孩子的影响，家校双方共同促进孩子的成长。哪怕是最调皮的孩子，也有优点、特长或闪光点，家长和教师要正面传递给孩子这些积极的因素，多给他们一些积极的期待和鼓励的话语，比如，"我觉得你在哪一方面很有天赋，我觉得你在哪一方面一定会越来越好……"

（七）霍桑效应

20世纪20年代，美国芝加哥郊外的霍桑工厂管理者发现，无论怎样完善娱乐设施、医疗制度，提高养老金，生产效率都不能进一步得到提高。后来，心理学专家对其进行了一系列的实验，发现：当工人受到额外关注时，以及为工人提供发泄不满情绪和提合理化建议的机会时，工人士气高涨，产量大幅度上升。这种意识到自己正在被别人注视，和自己的情绪得到合理宣泄后，个人就具有改变自己行为的倾向，被称作霍桑效应。

实践与应用：孩子在学习、成长的过程中难免有困惑或者不满，但又不能充分地表达出来。作为家长要尽量挤出时间与孩子谈心，并且在谈心的过程中，要耐心地引导孩子尽情地说出自己生活、学习中的困惑，说出自己对家长、学校、教师、同学等的感受或不满。孩子在"说"过之后，会有一种发泄式的满足，他们会感到轻松、舒畅。

在学校教学管理中，教师应通过与学生沟通谈话，及时发现问题，如同霍桑工厂"谈话实验"一般。沟通谈话并非普通的随意交流，而是有目的地去找学生谈，尽可能地把时间留给学生。这时，教师的主要任务是倾听，因为我们的目的是给学生一个宣泄压力的机会，是消除学生逆反情绪，调节学生压力。教师应讲求民主，用心去爱每一个学生，创设良好的氛围，体贴学生，尤其对逆反情绪严重、常犯错误的学生，更应从感情上亲近他们，从兴趣上引导他们，从生活上关心他们，使他们消除隔阂和对抗心理，乐于接受教育劝导，逐渐改变自己的错误认识和逆反情绪。

（八）德西效应

德西效应认为适度的奖励有利于巩固个体的内在动机，过多的奖励却有可能降低个体对事情本身的兴趣，降低其内在动机。

有一个故事很好地阐释了德西效应。

一群孩子在一位老人家门前嬉闹，叫声连天。几天过去，老人难以忍受。于是，他出来给了每个孩子10美分，对他们说："你们让这儿变得很热闹，我觉得自己年轻了不少，这点钱你们去买糖吃吧。"孩子们很高兴，第二天仍然来了，一如既往地嬉闹。老人再出来，给了每个孩子5美分。5美分也还可以，孩子们仍然兴高采烈地走了。第三天，老人只给了每个孩子2美分，孩子们勃然大怒："一天才2美分，你知不知道我们多辛苦！我们再也不来玩了！"在这个故事中，老人将孩子们的内部动机"为自己快乐而玩"变成了外部动机"为得到金钱而玩"，而他操纵着金钱这个外部因素，从而也操纵了孩子们的行为。

实践与应用：德西效应在教育中时有显现。譬如，有的父母经常会对孩子说："如果你这次考100分，就奖励你100块钱。""要是你能考进前5名，就奖励你一个新玩具。"家长们也许没有想到，正是这种不当的奖励机制，消减了孩子的学习兴趣。在教育孩子时，培养孩子的学习兴趣和坚韧不拔的意志，仅靠物质刺激是远远不够的。家长和教师应引导孩子树立远大的理想，调动内在的学习动机，增进孩子对学习的兴趣，帮助孩子收获学习的乐趣。让孩子爱上学习，喜欢读书，乐意以书为伍。"知之者不如好之者，好之者不如乐之者"，物质激励是辅助的，调动孩子的"好"与"乐"，才是根本目的。当然，家长可以奖励和学习有关、对学习有帮助的物品，如书本、文具等。

（九）南风效应

南风效应也叫作"南风法则"或"温暖法则"，它来源于作家拉封丹写的一则寓言：

北风和南风比威力，看谁能把行人身上的大衣脱掉。北风首先大发威力，冷风凛凛，寒冷刺骨，结果行人为了抵御北风的侵袭，便把大衣裹得紧紧的。南风则徐徐吹来，顿时风和日丽，行人觉得春暖上身，继而解开纽扣，接着脱掉大衣，南风获得了胜利。

实践与应用：南风之所以能达到目的，就是因为它顺应了人的内在需要。由此可知，采用"棍棒""恐吓"之类"北风式"教育方法是不可取的。实行温情教育，多点表扬，使孩子自觉努力，才能达到事半功倍的效果。在学校教育中更要讲究方法，教师要树立人性化的理念,尊重学生的人格和自信心,相信每个学生都有一颗向上、向善的心,在情感上尊重学生、关心学生,在行为上激励学生。同时,教师也应理性地看待学生的缺点,客观、科学地处理教育教学中的各种问题。试着用"徐徐的南风"去吹拂孩子们,进行触及他们心灵的教育,让孩子们快乐地学习,健康地成长。大声训斥甚至体罚学生的"瑟瑟北风"只能激起学生的对立情绪和逆反心理,既不利于规范其言行,也不利于维护其身心,会使学生"裹紧大衣"。对于问题学生,教师更应该采用"南风式"教育方法,让学生"脱掉大衣",达到"润物细无声"的教育效果。面对学生,教师应多一分宽容和尊重,多一分理解和鼓励,少一分批评和讽刺,让他们学会自省,更好地成长。温暖胜于严寒,这是我们从"南风效应"中悟出的道理。对于教育孩子也应如此。

(十)木桶效应

木桶效应是指一只木桶能盛多少水,并不取决于最长的那块木板,而是取决于最短的那块木板,也可称为短板效应。

实践与应用:在班级或小组中每个成员就像木桶的每一块木板,不可能齐刷刷一般长,只有齐心协力,取长补短,班级或小组才会取得好的成绩。

一个孩子就好比一只大木桶,组成大木桶的不仅仅是他的学习成绩,还有道德品质、生活能力、思考能力、独立性、创造性等。教师和家长不应只将目光集中在学习成绩这一块木板上,对于其他的木板则视而不见,因为一块木板只有和其他木板一起发挥作用,木桶才能盛满水。我们不仅要盯住孩子的短板,更要看到孩子的长板,多发现孩子的优势、优点,并在此基础上促进孩子其他方面的发展。

学习成绩也是这样。学科综合成绩好比一个大木桶,每一门学科成绩都是组成这个大木桶不可缺少的一块木板。良好学习成绩不能靠某几门突出学科的成绩，而是取决于所有学科的整体状况，某种意义上是取决于某些薄弱学科的成绩。因此，当发现孩子"偏科"时，我们应及时提醒孩子，让他在这门学科上多花费一些时间，做到"取长补短"。

（十一）增减效应

增减效应，是指人们都希望对方对自己的喜欢能"不断增加"而不是"不断减少"，心理学家将人际交往中的这种现象称为"增减效应"。

社会心理学家艾略特·阿伦森曾经做过一个实验：他将被试者分为四个小组，然后分别给予他们不同的评价，以观察被试者对他人评价的反应。对第一组，他给予的评价始终为否定；对第二组，他给予的评价始终为肯定；对第三组，他给予的评价为先褒后贬；对第四组，他给予的评价为先贬后褒。实验结果：第一组被试者对评价的反应为不满意，第二组对评价的反应为满意，第三组对评价的反应为极其不满，第四组对评价的反应为相当满意。结果证明，人们喜欢奖励和赞扬不断增加，而不喜欢奖励和赞扬逐渐减少。

实践与应用：很多人习惯按照先褒后贬的顺序教育孩子。想到孩子的优点就表扬一番，想起孩子曾经的错误再批评一番。教育学家发现，教师和家长教育学生的时候，不宜先褒后贬，理想的教育方式应该是先贬后褒。

平平和乐乐某次数学考试都得了80分，两人平时的成绩从未低于95分，这次忽然这么低，都有点垂头丧气，心想回到家里免不了挨训。

第九章 心理学规律在家校沟通中的实践与应用

平平回到家，爸爸问他："这次数学考了多少分啊？"拿过试卷看了一眼，脸色晴转多云，便开始教育平平。他先是说试题有点难，班里其他同学的成绩也都下降了，平平的数学名次并没有落在后面；然后就开始批评，说平平这段时间不够用功，回到家里常看电视，老师也反映他上课爱说话等。晚上睡觉时，平平躺在床上想着爸爸的训斥，心里闷闷不乐。

乐乐回家后也把试卷给爸爸看，乐乐爸爸看了分数之后也不高兴，但是没有表现出来。饭后，乐乐爸爸说："这段时间，你觉得你表现好吗？"乐乐低着头说："一般。"乐乐爸爸开始数落起来，说乐乐上课爱说话，不用心听讲，回到家就想看电视，对功课不够上心等。爸爸说完后，问乐乐："我说的这些有没有冤枉你啊？"乐乐不高兴地说："没有，都是事实。"然后爸爸说，这次试题难度较大，其他同学的成绩也都下降了，而且乐乐的名次也没有落在后面。乐乐听了心情有点好转，爸爸又说乐乐非常聪明，只要用功，没有学不会的知识，乐乐听后心情一下子好转了，心想一定要好好学习，下次考出好成绩。

在教育孩子的时候，我们不妨运用增减效应，比如先说孩子的小问题，然后再恰如其分地给予赞扬，最后鼓励孩子积极进取。

（十二）蝴蝶效应

蝴蝶效应是指在一个动力系统中，初始条件下微小的变化能带动整个系统的长期的巨大的连锁反应。对于这个效应最常见的阐述是：南半球热带雨林中的一只蝴蝶偶尔扇动几下翅膀，可以在两周以后引起美国得克萨斯州的一场龙卷风。其原因就是蝴蝶扇动翅膀的运动，导致其身边的空气系统发生变化，并产生微弱的气流，而这又会引起四周空气或其他系统产生相应的变化，引起一个个连锁反应，最终导致其他系统的巨大变化。蝴蝶效应说明，一个极微小的起因，经过一定的时间及其他因素的参与作用，可以发展成极为巨大和复杂的影响力，即一个不起眼的小动作可以引起一连串的巨大反应。

实践与应用：蝴蝶效应告诉我们，十年树木，百年树人，教育孩子无小事。一句话的表述、一件事的处理，如果是正确和恰当的，可能影响孩子一生；如果是错误和武断的，则可能贻误孩子一生。中国有句古话，"冰冻三尺，非一日之寒"。在教育过程中，教师的一言一行都会给学生带来潜移默化的影响。一句不经意的"你真棒！"也许会让一个对学习失去信心的孩子重新燃起希望；一句挖苦讽刺也许会让一个跌倒的孩子永远抬不起头来。一位心理学家曾经说过，孩子的心灵像未干的水泥，只字片语都会对他们有所影响，父母和老师所讲的话，哪怕是开玩笑的戏言，都会在他们的人生中留下深深的印记。

孩子教育无大事，教育孩子无小事，倘若能够把无数平凡的小事都处理好，就是一件不平凡的事。"勿以善小而不为，勿以恶小而为之"，任何大事都是由无数小事的叠加而成，这是教育领域中的"蝴蝶效应"。因此，教师和家长一定要对看似偶然的事情保持敏感，清除教育中可能存在的"蚁穴"。播下一个行动，收获一种习惯；播下一种习惯，收获一种性格；播下一种性格，收获一种命运。

（十三）标签效应

当一个人被贴上某个标签时，他就会做出自我印象管理，使自己的行为与所贴的标签内容相一致。这种现象是由于贴上标签后引起的，所以称为"标签效应"。

第二次世界大战期间，心理学家在一批行为不良、纪律散漫、不听指挥的新士兵中做了如下实验：让他们每人每月向家人写一封讲述自己在前线如何遵守纪律、听从指挥、奋勇杀敌、立功受奖等内容的信。结果，半年后这些士兵发生了很大的变化，他们真的像信上所说的那样去努力了。后来，心理学家就把这一现象称为"标签效应"。

实践与应用：针对心理学中的这种"标签效应"，无论是家长还是教师，都不能随意给孩子贴标签。特别是不能对有缺点和不良行为的孩子进行经常性的贬低和训斥，从而不自觉地给孩子贴上一枚"黑标签"，掩盖了他的优点。歧视性的眼光和态度会迫使孩子的心理和行为向着标签所指的方向发生偏转，最终使"黑标签"变成了谁也不愿意接受的事实。相反，家长和教师要尽可能地去寻找孩子身上的闪光点，给予及时的、充分的表扬，也就是有意识地给孩子贴上一枚正向的"红标签"。对孩子要多表扬，少批评，表扬要在课堂上，批评要在办公室里。这样做的目的就是使学生认识到自己身上的优点、长处，有意无意地按"红标签"来要求自己，约束自己，久而久之，便起到强化孩子良好行为的作用。

我们该如何利用标签效应来提高孩子的自信心呢？一个有效的方法是实施积极的自我暗示训练。首先，根据实际情况设置积极的暗示语言，比如"我一定行！""我能做得更好！"等。或者先从比较弱的科目入手，比如暗示自己"我一定能提高作文水平"，或者制定可执行、够得着的具体目标——"我很高兴，我今天记住了8个英语单词"。暗示语设置好之后，要主动实施积极的自我暗示，每天坚持去说、去做，把暗示融入学习和生活中，养成行为习惯。另外，学校教育与家庭教育要统一，否则一面"黑标签"，一面"红标签"，会使得孩子搞不清自己到底是怎么样的人。

这不仅不利于孩子健康发展，还可能使孩子失去自我。因此，要想利用好标签效应，就必须使学校教育和家庭教育保持一致，让孩子在不同的场合都能获得相同的"红标签"。社会教育亦是如此。教育的成功有赖于学校教育、家庭教育和社会教育的有机结合，三者缺一不可。

（十四）低声效应

心理学家霍布兰德在"最佳谈话方式"的研究中发现，与雄辩型、演说型的讲课方式相比，沉稳型的讲课方式能够让学生更加清楚地理解讲义。这一现象在心理学上被称为"低声效应"。

实践与应用：低声效应运用在家庭教育中也同样有效。低平的声音、沉稳的语调，能使孩子愿意倾听你的谈话，使双方都处于冷静自制的状态中，为进一步的说服、教育创造条件。尤其是在批评教育的时候，如果我们在尊重孩子的前提下，轻声细语地和孩子讲道理，往往比大声、严厉的训斥更有效，也会让孩子的自尊心得以维护，有助于维持良好的亲子关系。

参考文献

［1］王小锦.师生沟通的心理学分析［J］.广东教育学院学报，2002（3）.

［2］周晓虹.现代社会心理学［M］.上海：上海人民出版社，1997.

［3］贺远亮.教师与家长谈话的原则和技巧［J］.教学与管理，2002（3）.

［4］闫玉科，邵华.实现有效沟通的策略和技巧［J］.经济论坛，2004（5）.

［5］南勇.共情沟通［M］.南京：江苏凤凰文艺出版社，2019.

［6］浩强.高效能沟通心理学：拉近与倾听者距离的心理学策略［M］.北京：台海出版社，2018.

［7］吴明轩.超级沟通术［M］.北京：现代出版社，2017.

［8］刘晓君，沈方楠.超级沟通［M］.北京：中国法制出版社，2018.

［9］丁莹.教师与家长沟通的技巧与策略［M］.长春：吉林大学出版社，2019.

［10］戴尔·卡耐基.卡耐基沟通的艺术与处世智慧［M］.王红星编译.北京：中国华侨出版社，2012.